Couverture inférieure manquante

Original en couleur

NF Z 43-120-8

LES SUITES DE LA FRONDE

LA GUERRE

DES SABOTIERS DE SOLOGNE

ET LES

ASSEMBLÉES DE LA NOBLESSE

1653-1660

Par L. JARRY

MEMBRE DE LA SOCIÉTÉ DE L'HISTOIRE DE FRANCE
ET DE LA SOCIÉTÉ ARCHÉOLOGIQUE ET HISTORIQUE DE L'ORLÉANAIS.

ORLÉANS

H. HERLUISON, LIBRAIRE-ÉDITEUR

17, RUE JEANNE-D'ARC, 17

—

1880

UNE FABRIQUE DE LIARDS A MEUNG-SUR-LOIRE

L'INSURRECTION DES SABOTIERS DE SOLOGNE

ET LES

ASSEMBLÉES DE LA NOBLESSE DANS L'ORLÉANAIS

Extrait des Mémoires de la Société archéologique et historique de l'Orléanais.

IMP. GEORGES JACOB, — ORLÉANS.

LES SUITES DE LA FRONDE

LA GUERRE

DES SABOTIERS DE SOLOGNE

ET LES

ASSEMBLÉES DE LA NOBLESSE

1653-1660

Par L. JARRY

MEMBRE DE LA SOCIÉTÉ DE L'HISTOIRE DE FRANCE
ET DE LA SOCIÉTÉ ARCHÉOLOGIQUE ET HISTORIQUE DE L'ORLÉANAIS.

ORLÉANS

H. HERLUISON, LIBRAIRE-ÉDITEUR

17, RUE JEANNE-D'ARC, 17

1880

LES SUITES DE LA FRONDE

GUERRE DES SABOTIERS DE SOLOGNE

ET

ASSEMBLÉES DE LA NOBLESSE

1653-1660

AVANT-PROPOS

Tous les historiens assignent comme limites à la Fronde la période qui s'étend de 1648 à 1652. On comprend que les écrivains de l'histoire générale soient contraints de procéder par époques nettement déterminées; mais il n'en est pas tout à fait ainsi dans la réalité.

Dans l'ordre naturel, les grandes tempêtes ne se produisent pas inopinément; mais, annoncées par des signes précurseurs, elles laissent encore après elles des perturbations qui ne se calment que peu à peu. Les agitations politiques, elles aussi, bien que généralement imprévues,

1

sont cependant précédées et suivies d'un ébranlement plus ou moins profond de la nation tout entière.

Et si cet ébranlement, entretenu par des partis qui n'y cherchent que leur intérêt, se prolonge au point de faire craindre une crise plus redoutable encore que la première, l'historien consciencieux n'est-il pas forcé de prendre en sérieuse considération tous les faits qui s'y rattachent?

Voilà ce que nous avons tenté d'atteindre en écrivant cette étude sur les *Suites de la Fronde*. Nous y avons été conduit par des recherches entreprises afin d'éclaircir un point de numismatique locale : l'existence d'un atelier de liards royaux à Meung-sur-Loire en 1655. C'était un fait complètement inconnu. Jusqu'alors cette petite ville, qui servait de résidence d'été aux anciens évêques d'Orléans, n'avait jamais frappé monnaie comme, par exemple, Beaugency, sa voisine, la châtellenie féodale.

Ici encore, la numismatique, cette science auxiliaire de l'histoire et qui a si vigoureusement grandi de nos jours, est venue au secours de son aînée, ou plutôt elles se sont prêté un mutuel appui.

En effet, si minime qu'il paraisse, ce détail de la fabrication des liards a pourtant son importance. C'est une mesure qui se rattache, par des liens étroits, à tout un système économique dont l'application ne se réalisa pas sans soulever une résistance à main armée parmi les populations de la Sologne, et même sur la rive droite de la Loire. Les mémoires du temps et nos historiens modernes, lorsqu'ils en parlent, l'appellent la Guerre des Sabotiers de Sologne, et n'en disent qu'un mot.

Le chef des Sabotiers, Gabriel de Jaucourt, seigneur de Bonnessons, demeurait aux environs de Sully-sur-Loire. Il paya de sa tête le rôle trop actif qu'il remplit dans cette insurrection et dans les autres complots organisés par les Assemblées de la Noblesse. Un certain nombre de ces Assemblées, où figurèrent d'ailleurs beaucoup de gentilshommes de ces contrées, furent tenues dans le Vendômois, dans le Perche et dans la Beauce.

L'Orléanais ne fut donc pas seulement le théâtre d'une partie des événements de la Fronde ; il supporta jusqu'au contre-coup de ses dernières convulsions. Leur histoire présente des particularités bien peu connues et qui ne paraîtront peut-être pas dénuées de quelque intérêt. Nos histoires locales sont presque toutes antérieures à l'époque qui nous occupe. D'autre part, nos archives départementales et municipales ont précisément d'importantes et regrettables lacunes dans la période qui embrasse ces événements. C'est donc ailleurs qu'il a fallu réunir les éléments de cette notice, dans les mémoires contemporains, parmi les pièces officielles difficiles à rencontrer maintenant, et surtout au milieu des grands recueils manuscrits de la Bibliothèque nationale, qui nous ont fourni beaucoup de documents inédits. Les plus importants ont été mis au nombre des pièces justificatives.

CHAPITRE PREMIER

UNE FABRIQUE DE LIARDS ROYAUX A MEUNG-SUR-LOIRE

I

Mesures fiscales et monétaires pendant la jeunesse de **Louis XIV**.

Pendant la seconde moitié du XVIe siècle, des causes multiples conduisirent la France à deux doigts de sa perte : d'abord les guerres religieuses, prolongées et envenimées par l'immixtion des contingents étrangers, et l'épuisement des finances ; puis les épidémies et les disettes, s'engendrant l'une et l'autre par le manque de bras, les mauvaises saisons, la misère. Le règne de Henri IV, sous la sage administration de Sully, aurait été complètement réparateur, s'il n'eût pas été violemment interrompu par le crime de Ravaillac. Ses bienfaits en furent perdus sous deux minorités, par conséquent deux régences, avec l'accompagnement ordinaire des brigues pour saisir le pouvoir. A ces difficultés se joignirent, en les compliquant, les suprêmes efforts du protestantisme mis aux abois par Richelieu, les dernières tentatives de la féodalité expirant sous Mazarin.

Enfin, si l'on ajoute à toutes ces causes de ruine la solde d'une armée constamment entretenue sur le pied de guerre, les dilapidations des ministres, des contrôleurs et surintendants des finances, les exactions des sous-traitants des fermes et des tailles, on comprendra dans quelle détresse se trouvait le gouvernement de Louis XIV à la veille de la Fronde.

On trouva bien moyen d'augmenter les recettes ordi-naires, mais les dépenses s'accrurent à proportion. Des sommes énormes disparurent, sans aucune justification, par l'effet des acquits au comptant. Il fallut en venir aux ressources extraordinaires, dont on fit encore un usage immodéré : établissement de nouvelles taxes, création et doublement d'offices, centralisation des octrois municipaux au Trésor, introduction du timbre et des rentes sur l'État. Telles furent les principales mesures tentées, au milieu d'un déluge de petits édits bursaux, pour combler le gouffre que Colbert seul devait faire disparaître.

Ces impôts pesaient sur tous, et si quelques rares pri-vilégiés, quelques puissants mécontents, appuyés sur le Parlement, eurent assez d'autorité pour en faire sup-primer ou diminuer quelques-uns, les autres n'en retom-bèrent que plus lourdement sur les classes pauvres.

Nous avons omis à dessein de parler du changement de monnaies, dans le but d'insister davantage sur ce point.

Sous les premiers Valois, lorsque les malheurs publics avaient épuisé le Trésor, on le remplissait par des moyens aussi expéditifs que contraires à la bonne foi. On altérait la monnaie, soit en abaissant son titre, soit en surhaussant sa valeur. C'était encore un subterfuge habituel que de décrier les espèces ayant cours et de faire une nouvelle émission. En mettant les bonnes pièces au creuset pour frapper sur un métal de moins bon aloi, le bénéfice était certain. Sinon, il restait encore la ressource de diminuer le prix du marc avant sa fonte et de le maintenir ensuite très-élevé.

Le développement de notre industrie et l'extension du commerce avec les nations voisines, en supprimant la prohibition des monnaies étrangères, amenèrent une autre cause de trouble dans la circulation des espèces françaises. Quand le numéraire étranger se trouvait à un meilleur titre que le nôtre, il prenait faveur et se multipliait dans le pays. Puis on était bientôt envahi par les pièces fausses, la contrefaçon de types moins connus étant rendue plus facile, quoique toujours rigoureusement punie. Si, au contraire, les espèces françaises se trouvaient avoir plus de valeur, elles traversaient la frontière pour être refondues. Trois classes d'industriels exerçaient donc, au détriment de la monnaie, un trafic méprisable et criminel, mais trop promptement rémunérateur pour que leur nombre ne fût pas très-grand : les faux-monnayeurs, les rogneurs et ceux qui introduisaient les monnaies étrangères ou faisaient commerce des espèces décriées.

Une partie de ces inconvénients disparut sous Louis XIII, règne qui protégea les habiles artistes Dupré, Warin et N. Briot, qui remplace définitivement la frappe au marteau par le moulin et le balancier. Les pièces ayant toutes un flan d'une épaisseur uniforme, un contour parfaitement arrondi et nettement terminé par une ornementation régulière, l'industrie des faux-monnoyeurs, des rogneurs surtout, ne pouvait plus s'exercer que malaisément. Quant aux gens qui trafiquaient des monnaies étrangères, leur négoce fut pareillement troublé par une mesure prise à la fin du même règne, la substitution du système duodécimal au système tournois, ce qui fut tout une révolution dans l'économie monétaire.

Ces explications nécessaires nous ont ramené à

Louis XIV et aux impôts excessifs qui troublèrent les années de sa minorité. Il faut donc mettre en première ligne les changements de monnaie, car ils furent, avec l'augmentation des tailles, les principales causes des mouvements populaires qui se manifestèrent surtout dans les provinces, et y prolongèrent les agitations de la Fronde jusqu'aux événements importants qui se pressent en 1660 et au printemps suivant : traité des Pyrénées, mariage de Louis XIV, mort de Mazarin, prise du pouvoir par le roi, faveur de Colbert.

Mazarin avait adopté, pour la monnaie, les principes de Richelieu. Il frappa concurremment des pièces du système tournois et du système duodécimal, lequel finit par rester seul en usage. Nous ne voulons pas suivre les péripéties qui accompagnèrent l'émission des diverses monnaies nouvelles. Beaucoup ne devaient avoir qu'une existence éphémère. Il suffira de citer un seul exemple, les charmants *lys d'or*, au sujet desquels on s'entêta de part et d'autre, au point qu'un conseiller au Parlement fut enfermé à la Bastille, et neuf autres exilés par Mazarin, qui dut pourtant prier Turenne de s'entremettre afin d'arrêter l'opposition du Parlement. Les lys d'or, lys, demi-lys et quarts de lys d'argent ne furent frappés que de 1655 à 1657, et disparurent pour toujours (1).

Occupons-nous uniquement des liards. Ce n'était pas une monnaie tout à fait inconnue. Louis XI en frappa pour le Dauphiné ; François Ier pour l'Aquitaine, le Dauphiné, la Provence. Tous les successeurs de ce roi émirent des liards de billon plus ou moins bas ; mais cette

(1) « La fabrique des lys d'or et d'argent est accrochée ; on n'en fait plus, ce qui me fait croire que l'édit en sera révoqué. » (*Lettres choisies de G. Patin*, t. I, p. 213, lettre de février 1656.)

menue monnaie, qui devint plus tard d'un emploi si fréquent et si utile, n'était guère en usage alors que dans certaines provinces. Le petit commerce avait à sa dispotion les doubles tournois et deniers tournois.

C'est en 1649 qu'eut lieu l'avènement légal des liards, règne troublé, dans ses premières années, comme celui du souverain même dont ils devaient reproduire l'effigie. Par lettres-patentes du 12 juin 1649, vérifiées en Cour des monnaies, Louis XIV ordonna que des liards de cuivre, de la valeur de trois deniers (1), seraient fabriqués en huit endroits de son royaume, qu'on y graverait, « outre le portrait et les armes du roi, l'année de leur fabrication et la *lettre de la plus prochaine Monnoye du lieu où ils seroient fabriquez* (2). »

La même ordonnance décrie de tout cours, dans les trois mois qui suivront l'exposition desdits liards, toutes les autres monnaies de cuivre, spécialement les doubles de France et liards étrangers, à l'exception des « deniers de Sa Majesté qui ont esté fabriquez en la Monnoye des galleries du Louvre, à Paris (3). »

Le moment était mal choisi, il faut le reconnaître, pour émettre une nouvelle monnaie. On jouissait bien d'une sorte d'accalmie entre les deux Frondes; mais toute la France était dans un déplorable état de désorganisation. « A vingt lieues autour de Paris, on ne payait plus ni tailles, ni aides, ni gabelles; les sergents, naguère la terreur des campagnes, n'osaient plus se montrer dans les

---

(1) Cette valeur subit des variations au cours des événements qui seront racontés plus loin; les liards ne reprirent leur ancien prix qu'en 1694.

(2) *Figures des liards de cuivre ordonnez par le roy estre fabriquez,* etc. » (Pièce de 4 pages in-4, Paris, Sébastien Cramoisy, MDCLV.)

(3) *Id.*

villages; tout le long de la Loire, le sel se vendait publiquement à main armée ; presque aucun impôt ne rentrait (1). » Ce tableau ne semble point chargé à plaisir : les populations étaient exaspérées par les exactions commises sur le fait des tailles et par la rigueur avec laquelle les traitants en poursuivaient la rentrée. Dès 1648, le duc d'Orléans lève une compagnie de cavalerie pour accompagner et protéger les collecteurs des tailles (2). Il y eut cependant un grand déficit, plusieurs années durant, à cause de la misère publique. On diminua les tailles d'un quart ; ce n'était point assez pour des populations épuisées. On lit dans une Mazarinade intéressante, ce qui est rare, à propos des excès commis par un maltôtier : « asteuze qu'il a tot mangé et accorché tot ces pauvres gens de la Biauce et qui sont tot ruinés, y se jetteza sur nous (3). »

Quoique les besoins de l'État imposassent l'appel immédiat aux dernières ressources, il sembla peu opportun de procéder à l'émission des liards dans de pareilles circonstances, et nous ne pensons pas qu'il en ait été frappé pendant les troubles de la Fronde. Mais, dès qu'un calme relatif se fut produit, une ordonnance de 1653 prépara les voies, en prohibant toutes les espèces étrangères sans exception, et en interdisant leur exposition dans tout le royaume (4).

Enfin, après mille péripéties, les liards entrent dans une période active avec les documents dont les titres suivent :

Figures des liards de cuivre ordonnez par le roy estre

(1) H. MARTIN, *Histoire de France*, t. XII, p. 337.
(2) Le réglement donné par Gaston d'Orléans à cette compagnie est du 6 janvier 1648.
(3) *Dialogue de deux Guépeins sur les affaires du temps*, 1649, in-4.
(4) *Mémoires de la Société archéologique de l'Orléanais*, t. I, p. 354.

fabriquez et avoir cours en son royaume et des deniers de Sa Majesté dont le cours est continué, etc. (1).

Arrest de la Cour des Monnoyes pour l'exposition des liards nouvellement fabriquez, du 10 avril 1655 (2).

Cet arrêt ordonne de recevoir dans le menu commerce et dans les grands paiements, jusqu'à concurrence de cent sols, les liards de cuivre de nouvelle création, à peine, contre ceux qui les refuseront, de cinq cents livres d'amende; il enjoint aussi de poursuivre ceux qui trafiquent des deniers étrangers.

On peut donc regarder comme certain que les liards étaient en pleine fabrication, en l'année 1655, dans les endroits désignés par les lettres royales de 1649. On va en donner la preuve pour ceux de Meung-sur-Loire, car cette petite ville fut choisie pour siége de l'un de ces huit ateliers.

II

L'atelier de Meung-sur-Loire.

En parcourant les registres d'état-civil de la paroisse de Saint-Nicolas de Meung-sur-Loire, on est étonné de rencontrer, de 1655 à 1657, le nom de plusieurs officiers des Monnaies :

26 septembre 1655. — Baptême de Marie-Magdeleine Blandin. — Parrain : noble homme Messire Paul Bain, conseiller du Roy en sa cour des Monnoies, commissaire député par S. M.

(1) Paris, chez Sébastien Cramoisy, MDCLV, pièce in-4 de 4 pages, avec bois assez grossier. Le type des liards est pareil à ceux de Meung-sur-Loire.

(2) Paris, chez Sébastien Cramoisy, MDCLV, pièce in-4 de 8 pages.

31 décembre 1656. — Baptême de Louis Morin. — Parrain : noble homme Louys de la Chapelle, *commis à la Monnoye.*

3 janvier 1657. — Baptême de Isabelle Desmores. — Parrain : honneste personne Benoist Charret, *fourneur de la Monnoye de Meung.*

11 août 1657. — « Fut baptizée Geneviefve, fille de Messire Louys Le Clerc, conseiller du Roy en ses conseils et président en la Monnoye, et de dame Magdeleine Morisset, ses père et mère. Le parrain est illustrissime et révérendissime père en Dieu Alphonse Del Bene, évesque d'Orléans, conseiller du Roy en ses conseils d'Estat et privé ; la marraine est damoiselle Geneviefve de Bauchant ; par moy susdit chanoine et curé.

(Ont signé) « A. Del Bene, Évêq. d'Orléans ; Geneviefve de Beauchamp ; Langloys (curé). »

31 octobre 1657. — Baptême de Marie Guybert. — Parrain : honneste personne Claude Derval, *monnoyeur.*

On aurait pu penser d'abord que quelques fonctionnaires de l'hôtel des monnaies d'Orléans avaient élu un domicile passager à Meung ; mais la mention de *fourneur de la monnoye de Meung* détruisait cette hypothèse et nécessitait de nouvelles investigations.

Le fonds de la Monnaie aux archives départementales du Loiret est très-pauvre. Ses quelques registres et ses rares liasses ne concernent guère que l'hôtel des monnaies créé à Orléans par l'édit d'octobre 1716. On sait cependant que l'ancienne Chambre de la Monnaie d'Orléans, supprimée par François 1er et unie à celle de Bourges, avait été rétablie par l'arrêt du conseil du 19 septembre 1646. Malheureusement aucun document relatif à la monnaie ne paraît subsister, pour cette époque, dans les archives du Loiret. Nous avons tout lieu de croire que ce rétablissement fut peu durable.

Des recherches aux archives nationales furent plus efficaces et donnèrent la solution désirée. Il s'y trouve deux *registres de délivrances de la monnoye des liards establye à Meung-soubs-Orléans, durant l'année 1656* (1).

Il serait, pensons-nous, fort peu intéressant de connaître la quantité de marcs de métal envoyée à la monnaie de Meung, de savoir combien de pièces mal frappées furent rejetées comme défectueuses et renvoyées à la fonte, de supputer les délivrances qui furent faites, et par suite le nombre des pièces admises à la circulation. Ces registres fournissent des renseignements plus utiles à l'aide desquels on peut distinguer sûrement les liards sortis de l'atelier de Meung-sur-Loire.

Il est à remarquer d'abord que les officiers qui président à cette fabrication ne viennent pas d'Orléans, mais de Paris directement. Ils sont envoyés spécialement pour diriger la fonte du métal provenant du *convertissement* des deniers.

D'après le premier de ces registres qui, tous les deux, concernent seulement l'année 1656, Messire Paul Bain, conseiller du roi en sa Cour des Monnaies, fut le premier commissaire député par Sa Majesté à la direction des liards au *département* de Meung-sous-Orléans. Il ne resta pas longtemps en fonctions, car un procès-verbal du 1er août 1656 présente Louis Le Clerc, conseiller du roi en ses conseils, président et commissaire en sa Cour des Monnaies, comme député par ladite Cour à la fabrique des liards au département de Meung-sur-Loire, et chargé de faire la délivrance des liards fabriqués depuis le 27 juillet précédent. Un passage de ce procès-verbal est particulièrement intéressant :

« .... Et au mesme temps seroit survenu Me Antoine

(1) Archives nationales, Z^{1b}, 895.

Bain, cy-devant greffier commis à ladite fabrique, qui nous auroit demandé qu'il fût présent ausdites délivrances et qu'il signast icelles, attendu que tous lesdits liards avoient esté monnoyez soubs le différent donné par ledit sieur Bain, ci-devant commissaire, lequel différent est une merlette. Et ayant appris que nous avons à présent faict changer le différent, ayant fait mettre une hermine au-dessus du mot liard, au mesme endroit où estoit le différent d'une merlette; sur quoy nous, président et commissaire susdit, avons ordonné qu'il sera présentement procédé ausdites délivrances en la manière cy-devant pratiquée par ledit sieur Bain... »

En conséquence, Louis Le Clerc fit mettre dans un sac scellé à part les 317 pièces du *différent et travail* fait durant la commission de Paul Bain.

L'autre volume est intitulé : *Registre des délivrances des liards fabriqués en la ville de Meung-sur-Loire soubs le différent de la lettre E, et d'une hermine mise au-dessus du mot liard.*

Il résulte de ce qui précède que les liards frappés à Meung-sur-Loire se reconnaissent à ce qu'ils portent tous la lettre E, et comme différent monétaire une merlette pour les liards de Paul Bain, une hermine pour ceux de Louis Le Clerc.

Avant que la République de 1848, frappant à profusion les centimes, ait pu rendre ainsi facile l'application de la loi qui ordonnait l'emploi du système décimal dans les transactions commerciales, nous avons tous vu ces jolis liards portant l'effigie de Louis XIV enfant, qui peuvent lutter, pour le style, avec les deniers de 1649. La tête est gracieuse; ses longs cheveux descendent sur un buste habillé, en boucles abondantes et naturelles; le roi-soleil ne portait pas encore perruque. La couronne royale est

posée un peu en arrière, comme si le graveur l'eût
jugée trop lourde pour ce front juvénile.

Tombés en désuétude, ces liards — nous parlons
seulement de ceux de Meung — sont maintenant très-
rares.

M. Feuardent, aussi savant numismate qu'obligeant ami,
s'intéressant à notre découverte, fit des recherches dans
plusieurs milliers de pièces, et n'en trouva qu'un très-
petit nombre où se rencontrent les quatre variétés que
nous avons fait graver :

1655. — E. Croissant.

1656. — E. Merlette. Paul Bain.

1655. — E. Hermine. Louis Le Clerc.

1656. — E. Pour seul différent.

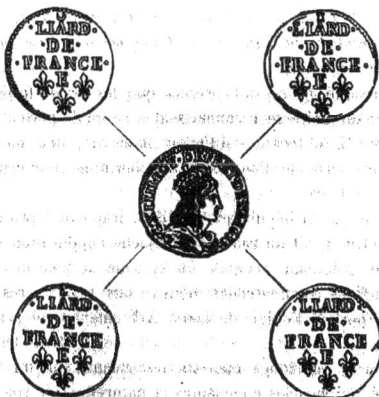

La fabrique de liards de Meung-sur-Loire aurait donc commencé en 1655, conformément aux mentions relevées sur les registres d'état-civil de la paroisse de Saint-Nicolas; très-active en 1656, année où l'on voit se succéder trois *différents*, nous n'en trouvons ensuite plus de traces; et la dernière constatation du nom d'un monnayeur, sur les mêmes registres, se rapporte à la date du 8 octobre 1657.

M. l'abbé Desnoyers, l'érudit président de la Société archéologique de l'Orléanais, nous a communiqué, avec sa complaisance habituelle, une pièce aussi rare que curieuse. C'est un placard au nom de Paul Bain, commissaire député par Sa Majesté « pour la fabrication des liards ès-provinces d'Orléans, Bourbonnois, Bourgongne, Berry, Touraine, Anjou, le Maine. » Il est daté de Meung, le 17 février 1655, et constate que les premières délivrances des liards fabriqués à Meung-sur-Loire ont été faites la veille. Il rappelle les déclarations royales et les prescriptions contenues dans les arrêts de la Cour des Monnaies que nous avons analysés ci-dessus. Au bas de ce document, des bois assez grossièrement taillés représentent les deniers et liards de France du cours légal. Le liard porte la lettre E, comme ceux que nous avons fait graver, mais sans aucun différent.

Le placard de M. l'abbé Desnoyers confirme donc heureusement quelques-uns des détails renfermés dans cette notice.

Pourquoi le gouvernement de Louis XIV choisit-il Meung-sur-Loire pour y établir une fabrique de liards royaux ?

Le duché d'Orléans appartenait alors en apanage à Gaston, oncle du roi. Ce prince avait soutenu Marie de Médicis dans ses démêlés avec Louis XIII; il professait une politique assez incertaine, et le nouveau roi n'avait aucun motif — les événements le prouvèrent — pour attendre de lui une fidélité à toute épreuve. D'autre part, les habitants d'Orléans, bien que dévoués à la dynastie royale, subissaient jusqu'à un certain point l'influence de leur duc, et partageaient ses préventions contre le cardinal Mazarin. Mademoiselle faisant irruption dans leurs murs, pendant la Fronde, leur en imposa par son attitude durant tout son séjour. Ils furent enveloppés dans la même disgrâce, et Orléans fut tenu en suspicion.

Comme d'ailleurs l'émission des liards était une mesure impopulaire, on prit toutes sortes de précautions pour que leur fabrication eût lieu dans les meilleures conditions de sécurité. On élimina, par exemple, les grandes villes où siégeaient les Chambres des Monnaies, et l'on choisit, de préférence, de petites localités où les mouvements séditieux sont moins à craindre et plus faciles à réprimer. Ainsi l'on frappait à Corbeil, non à Paris.

C'est pour ce motif, pensons-nous, qu'on préféra Meung-sur-Loire, ville placée sous la dépendance de l'évêque d'Orléans, Mgr d'Elbène, sur le dévoûment absolu duquel on pouvait compter. Meung fut rattaché à la circonscription monétaire dont Tours était le chef-lieu. C'est pourquoi l'on rencontre sur ses liards la lettre E, qui était réservée à l'Hôtel des Monnaies placé dans la capitale de la Touraine. Ce détail nous porte à croire que la Chambre des Monnaies, rétablie à Orléans en 1646, n'existait plus.

La maison où fut ouvert l'atelier de Meung en conserva le nom de *Maison de la Monnaie*. Elle était sur la paroisse de Saint-Nicolas et communiquait avec la rue Porte-d'Amont par la petite rue de la *Monnaie*, maintenant impasse de la Providence. Des Sœurs de la Providence de

Chartres furent installées dans cette maison au commencement du XVIII⁰ siècle. En 1721, elle fut vendue à Mᵍʳ Fleuriau d'Armenonville, et forma la majeure partie du petit Séminaire. C'est aujourd'hui l'école communale des garçons (1).

L'institution d'un atelier monétaire à Meung-sur-Loire, si passagère qu'elle fût, lui a valu quelques priviléges qui ont subsisté jusqu'à la fin du siècle dernier. Il y avait alors à Meung deux changeurs commissionnés par la Cour des Monnaies, et un archer-garde de la prévôté générale des monnaies, exploitant par tout le royaume. Sauf celui-là, et un archer demeurant à Saint-Dié, tous les autres officiers de la juridiction et du travail, pour la monnaie, résidaient à Orléans.

CHAPITRE II

L'INSURRECTION DES SABOTIERS DE SOLOGNE

I

Causes et développement de l'insurrection.

Par les mille obstacles et les retards sans cesse apportés à la fabrication des liards, il était facile de prévoir

(1) M. l'abbé Desnoyers, président de la Société archéologique et historique de l'Orléanais, a bien voulu nous faire part de ce renseignement qu'il tient de M. l'abbé Foucher, curé de Meung, membre correspondant de la Société.

2

les difficultés qui accompagneraient, dans les premiers temps, leur circulation et leur emploi.

Il est donc intéressant de savoir comment les nouvelles monnaies furent accueillies par les populations, avant d'assister aux événements sur lesquels leur émission eut certainement une influence considérable, on pourrait presque dire décisive.

Devant le silence presque absolu de nos archives orléanaises, nous avons eu recours, pour consulter l'opinion publique de ces temps, aux mémoires sur l'époque de la jeunesse de Louis XIV et aux documents conservés à la Bibliothèque nationale. Nous avons fait aussi de fréquents emprunts aux lettres de Guy Patin. Ce médecin, si prompt à s'enflammer sur toutes les questions relatives à sa profession, principalement lorsqu'il s'agit de l'émétique et de son propagateur Guénault, notre compatriote, ce médecin est sceptique et railleur pour tout autre sujet. Mais il faut lui reconnaître une qualité précieuse à deux siècles de distance : il se montre curieux à l'extrême et bavard comme une gazette, avide d'entendre et de rapporter les bruits de la cour ou de la ville. Nous l'avons toujours trouvé admirablement informé (1).

C'est le Parlement qui se mit à la tête de l'opposition contre la nouvelle monnaie. Depuis bien longtemps ce corps ne se renfermait plus uniquement dans ses attributions judiciaires. Sous différents règnes, il avait déjà fait maints efforts pour diminuer l'autorité royale, ou, tout au moins, pour se faire une part dans le gouvernement. Pendant la jeunesse de Louis XIV il faillit l'usurper tout entier.

(1) L'auteur du *Dictionnaire critique de biographie et d'histoire*, M. Jal, qui n'est pas toujours exact lui-même, conseille cependant une grande défiance à l'égard de Patin.

Plus arrogant que jamais, il ne lui suffisait plus d'être la magistrature suprême et d'enregistrer les ordonnances pour leur donner force de loi. Non content de les contrôler, de les discuter, d'en refuser l'insinuation, enivré d'une popularité toujours croissante, il fit plus : il légifera lui-même. « Ces Messieurs du Parlement, qui veulent prendre cognoissance de toute chose, » comme écrivait le chancelier Séguier (1), rendirent des arrêts à tout propos, prenant parti jusque dans les questions médicales et les querelles scientifiques. En même temps ils commettaient une révoltante injustice en condamnant seulement au bannissement un de leurs collègues, Vallée de Chenailles, convaincu de haute trahison (2).

Patin écrivait dès le 21 janvier 1655 : « Il y a ici du bruit pour la nouvelle monnaie que l'on veut faire et que le Parlement *veut empêcher*. C'est qu'il y a des partisans qui offrent bien de l'argent pour en avoir le parti ; mais ce sera aux dépens du public et à la perte de tout le monde, d'autant plus qu'ils affoiblissent la monoye. Le roi a fait défenses au Parlement de s'assembler là-dessus, et leur a fait commandement de s'assembler demain au Louvre, pour y entendre ce qu'il en désire (3). »

Plusieurs conseillers élevèrent la voix dans cette assemblée ; cinq d'entre eux furent envoyés en exil ; cependant le travail se ralentissait à la Monnaie, d'autant plus qu'on la refusait partout et que les marchands n'en voulaient point (4).

(1) Bibl. nat. ms. fr. 6896 (lettre à Le Tellier).
(2) H. MARTIN, *Histoire de France*, t. XII, p. 486. — *Nouvelles lettres de Patin*, t. II, p. 216, 249.
(3) *Nouvelles lettres de Patin*, t. II, p. 66.
(4) *Id.*, t. II, p. 174, 179, et *Mémoires de M*** de Motteville*. Cet état de choses devait durer quelques années. « En 1660, Marguerite de la Bretonnière comparaît devant le bailly de Nogent-le-Rotrou,

Le Parlement de Paris avait alors pour premier président Pomponne de Bellièvre, l'un des ennemis les plus
déterminés de Mazarin, contre lequel il voulait former
une association de résistance entre tous les Parlements
du royaume (1). Il use de son crédit pour enlever l'intendance d'Orléans à Besnard de Rezé, maître des requêtes, et la faire donner à Louis Servien, conseiller au
Parlement et fils d'un ancien avocat général (2). Il conservait ainsi la haute main sur une importante province,
et le moyen de tenir en échec les officiers du présidial et
de la prévôté d'Orléans. Ces magistrats, fidèles au roi,
avaient refusé, en 1649, d'exécuter les ordres et arrêts
du Parlement de Paris. Ils enregistrèrent, au contraire,
une déclaration royale les autorisant à juger souveraine-
ment dans le ressort du Parlement rebelle (3). Ceci se
passait au moment où la Cour convoquait les États-
Généraux à Orléans pour le 15 mars 1649.

Sur l'hostilité ouverte du Parlement, que s'empressèrent
d'imiter plusieurs autres Cours du royaume, se greffait
l'opposition des princes abattus, mais non pas désarmés
par l'insuccès de la Fronde. L'attitude, pour le moins indécise, du duc d'Orléans n'était pas faite pour amener ceux
qui étaient nés plus loin du trône au respect de l'autorité.

pour avoir refusé l'acquit d'une somme de 30 livres à elle due *en
liards, à cause de la dépréciation que subit cette monnaie.* » (Inventair
des archives départementales d'Eure-et-Loir, B, 2649.)

(1) *Mémoires de H.-C. de la Trémoille, prince de Tarente,* p. 204.
(2) *Nouvelles lettres de Patin,* t. I, p. 162 (30 novembre 1655).
(3) « Arrest de la Cour du Parlement portant défenses aux officiers
du présidial, prévosté, maire et eschevins d'Orléans, de cognoistre et
juger d'autres matières que de celles à eux attribuées par les édicts
du roy, vérifiés en ladite cour, du 8 février 1649. » Paris, 4 p. in-4.
Cette pièce porte le n° 243 dans le catalogue des *Mazarinades* de
M. Moreau.

Derrière eux se pressait la foule des gentilshommes, et
surtout des nouveaux anoblis et des usurpateurs de noblesse. Ces derniers étaient soumis, les uns à un droit,
les autres à une amende dont le chiffre était très-élevé.
Les arrêts qui les frappent sont de décembre 1656 et de
mai 1657; les premiers troubles éclatent en 1657. Le
rapprochement est facile à faire. En cette même année
1657, où se déroulent les événements qui vont suivre, les
nobles de plusieurs provinces, de l'Orléanais en particulier, recommencent leurs circulaires et leurs assemblées (1); cette conduite autorise à supposer leur complicité; la preuve ressortira, de la façon la plus évidente,
des faits eux-mêmes.

Aux gentilshommes se joignent les fonctionnaires de
tout ordre et de tout rang, blessés, eux aussi, dans leur
amour-propre et dans leurs intérêts par les édits de
création et de doublement d'offices.

La ligue s'étendait en arc de cercle, de la Normandie
à la Sologne, par le Perche, la Beauce chartraine et la
Beauce orléanaise; elle avait des ramifications en Anjou
et en Poitou. Nous venons de voir son état-major, ou
plutôt les instigateurs du mouvement, qui se contentent
de pousser en avant quelques comparses, se réservant
tout le profit en cas de succès. Ceux-ci commandent bientôt tout une armée en sabots. Elle n'était pas difficile à
réunir, au milieu de ces populations forestières de l'Orléanais
qui lui donnent leur nom. Un livre vrai, d'un intérêt poi-
gnant, *La misère au temps de la Fronde et saint Vincent de
Paul*, par M. Feillet, démontre à quel degré d'épuisement
en était arrivée la France.

En promettant à de pauvres paysans, qui mouraient

(1) *Nouvelles lettres de Guy Patin*, t. II, p. 260.

littéralement de faim, la diminution des tailles, l'oubli pour
des pillages de blé et de sel, que sais-je? la richesse peut-
être avec le partage des biens, on était sûr de les soulever
et de les conduire où l'on voudrait.

Que l'on joigne à cette troupe docile les vagabonds
et la tourbe des gens toujours prêts au désordre, et il
n'en manquait pas alors, car, suivant l'expression d'un
écrivain, « quand on remue et agite une nation en tous
sens, il faut bien que la lie remonte, domine et finisse
par tout corrompre (1). » Voilà l'armée de l'insurrection.
C'est la Fronde en sabots.

Les troubles rayonnent autour de deux centres principaux : la Normandie, promptement pacifiée par Mont-
pezat (2), et la Sologne (3). C'est dans cette dernière
contrée seulement que nous allons les suivre.

(1) *Appel à la nation*, par l'abbé de la GRARD DE CHERVAL, procu-
reur-syndic de l'assemblée provinciale de l'Orléanais, p. 40.

    (2) Montpezat, homme de sagesse,
    Qui sçait ménager la noblesse
    Et les Gens des grandes Maizons,
    Avec ses solides raizons,
    Étant par Royale ordonnance,
    Allé par de-là Caen en France,
    Pour assoupir les remuemans
    Que machinoient quelques Normans,
    Y joüa si bien de la langue,
    Par mainte prudente harangue,
    Qu'avec son heur acoûtumé,
    Il a tout le Païs calmé,
    Hors-mis quelques Gens sans conduite
    Qui bravement ont pris la fuite.
    (Loret, *La Muze historique*, livre IX, lettre 41, 19 octobre 1658,
    éd. Daffis, t. II, p. 542).

(3) Il y eut un troisième foyer d'agitation en Provence; mais il est
isolé des deux autres, et semble conserver un caractère purement
local.

La Sologne fut, de tout temps, un pays admirablement disposé pour une guerre de partisans. Ce sol, inculte alors, était presque entièrement couvert de bois ou de bruyères qui forment un obstacle naturel à la marche d'une armée régulière ou à des reconnaissances de cavalerie. Il était, au contraire, facile de s'y cacher et d'y dresser des embûches. Ses châteaux isolés servent de forteresses à de petites garnisons qui peuvent, quelque temps, y soutenir un siége ou s'y retirer, comme en un repaire, après une incursion dans les pays plus riches.

Aussi la Sologne ne fut-elle jamais tranquille pendant les époques guerrières de notre histoire. Aux XIVe et XVe siècles, elle était occupée par les routiers et les grandes compagnies, prise et reprise par les Anglais et les Français. Pendant les guerres de religion et la Ligue, presque tous les seigneurs avaient embrassé la réforme et tinrent en échec, à l'abri de leurs châteaux, les détachements de troupes royales envoyés pour pacifier le pays. Il en fut de même en Berry. En 1611, Florimond du Puy, sieur de Vatan, qui s'était rendu coupable d'excès envers les gens du roi et avait défendu quelques faux-sauniers de sa province, mit le comble à son audace en enlevant et gardant prisonnier dans son château de Vatan le fils du sieur de Belair, adjudicataire général des gabelles de France. Le roi dut mettre en marche le grand prévôt de France et le gouverneur du Blésois, avec ordre de prendre le château et d'employer le canon au besoin (1).

Il y avait en Sologne si peu de sécurité, qu'en pleine paix, au commencement du XVIe siècle, l'église de Cléry fut plusieurs fois sur le point d'être pillée par des vaga-

_____

(1) *Extrait des registres du Conseil d'Estat contre le sieur de Vatan*, 1611. Orléans, Pierre Mercier et René Frémont, 8 pages petit in-8°.

bonds ou des troupes de soldats indisciplinés en passage. C'est sur cet exposé de motifs que les chanoines adressèrent une supplique à François Ier pour faire enclore et fortifier leur ville, et la renouvelèrent, sous Henri IV, pour l'entier achèvement de ces travaux.

La petite ville de Saint-Benoît-sur-Loire se fortifia à la même époque et pour les mêmes raisons. On pourrait certainement citer d'autres exemples.

Dès le mois de juillet 1649, il y avait eu du bruit à Romorantin. Plusieurs maltôtiers y furent massacrés ; l'auteur de ce tumulte, pris et conduit à Montargis, fut condamné à mort ; mais quand on vint pour l'exécuter, le peuple le délivra (1). La Fronde se passe non sans troubles partiels ; mais l'Orléanais est une des provinces les plus sillonnées par les troupes belligérantes. Est-il besoin de rappeler que, dans la contrée même où l'insurrection des Sabotiers solognots (2) va se développer en 1658, la royauté française avait déjà failli périr sous la coalition des princes rebelles en 1652 ? « On sait, dit Saint-Évremont, que M. de Turenne a sauvé la Cour à Gergeau, et qu'il l'a empêchée de tomber entre les mains de Monsieur le Prince à Gien. Il a conservé l'État, quand on le croyait perdu (3). »

On signale encore quelques tumultes en 1654 et 1655, dans la province de Berry, sous la direction du couvreur Crochet (4). Les récoltes de 1656 et 1657 font succéder

(1) *Lettres de G. Patin*, t. I, p. 56. — *Nouvelles lettres*, t. I, p. 220.
(2) On appelle ce mouvement la *Guerre des Sabotiers*, rapporte des Maizeaux, parce qu'en Sologne, pays pauvre et plein d'eaux, on ne porte presque que des sabots. (*Œuvres de Saint-Évremond*, 1753, t. I, p. 45, note 2.)
(3) *Éloge de Turenne.*
(4) *La misère au temps de la Fronde*, p. 109.

les années d'abondance aux années de disette et donnent
quelque répit. Cependant, en mai 1657, Patin annonce à
la fois que les gentilshommes de Normandie, de Bretagne,
d'Anjou, du Maine et du duché d'Orléans recommencent
leurs lettres-circulaires et leurs assemblées, et qu'il y a
révolte dans plusieurs villages, auprès de Sens et de Saint-
Fargeau, contre les exacteurs et collecteurs des tailles (1).

La sédition n'éclate qu'en 1658. Dès le 23 mai, une
ordonnance de police, publiée dans toute la ville d'Orléans,
« fait défense à toutes personnes de faire refus des liards
à raison de trois deniers dans le menu commerce, leur
enjoint de les recevoir, conformément aux arrêts et réglements. »

Une très-importante lettre de Séguier à Le Tellier renseigne d'une façon précise sur ces arrêts. Elle fait sentir
en même temps combien cette législation, protectrice des
droits du peuple, lésait momentanément ses intérêts, et
quelle opposition elle devait susciter. Voici un passage
de cette lettre : « L'on a réduit pour la réception des
liards dans les payements à la vingt-cinquième partie.
J'estime qu'enfin il faut supprimer tous les liards qui
sont altérez, en sorte qu'ils n'ont tant de bonté que les
doubles ordinaires. L'on peut dire que le commun du
peuple en recevra grande perte; mais il est certain que si
l'on perd par le descry, l'on gaigne d'un autre costé, en
ce que le peuple pourra, en vendant ses marchandises,
recevoir de bonne monnoye (2). »

L'effet de ces mesures ne se fit pas attendre. Patin
reçoit des lettres écrites d'Orléans, le 29 mai, le jour
même où le chancelier présente le résumé des projets

_____

(1) *Nouvelles lettres*, p. 263.
(2) Bibl. nat. ms. fr. 6894, f° 68. (Le Tellier, papiers d'État,
vol. 15.) — Pièce justificative I.

économiques du gouvernement. Elles contiennent ces détails : « Les païsans de Soulogne se sont si fort attroupez, qu'ils font aujourd'hui une armée de 7,000 hommes (1). » Une fois en marche, cette armée s'augmente comme la renommée dont parle le poëte latin : *Vires acquirit eundo.* Elle reçoit dans ses rangs tous les mécontents des paroisses qu'elle traverse. Bientôt ils veulent frapper un grand coup. Ils quittent la Sologne et s'avancent dans les plaines de la Beauce, menaçant de faire le siége de Chartres. Ordre y est donné de guetter nuit et jour, « attendu les troubles en la Sologne, dont les soldats font des courses jusqu'à trois lieues de la ville (2). »

En Sologne, le soulèvement continue et gagne le Berry. Séguier a reçu des renseignements certains du grand prieur d'Auvergne. « Il croit que ces mouvements sont soutenuz par quelque noblesse qui ne paroist pas encore. Il parle des grands vicaires du cardinal de Retz qui sont dans le Berry, qui ne demeurent pas dans les lieux qui leur sont ordonnez (3). »

En des circonstances aussi graves, il semblerait qu'on dût recourir à des mesures énergiques, mettre sur pied un corps d'armée ou tout au moins quelques régiments, afin d'apaiser la rébellion et de dissiper les mutins. Il en fut tout autrement. Toujours bien renseigné, puisque ses assertions sont confirmées par la lettre de Séguier dont nous avons donné plusieurs passages, Patin nous apprend que « l'on avoit donné commission au vice-bailly de Chartres de lever 100 ou 120 hommes et d'aller ranger ces païsans révoltez; mais il n'est point assez fort, et

(1) *Lettres à Charles Spon*, t. II, p. 374.
(2) Registres capitulaires, cités par M. de Lépinois, *Histoire de Chartres*, t. II, p. 433.
(3) Bibl. nat. ms. fr. 689 , f° 68. — Pièce justificative I.

s'est retiré dans le château de Sully, où ces mutinez le tiennent assiégé, lui et ses archers, et en ont si bien bouché les passages, qu'il ne lui peut venir provision ni secours sans leur permission (1). »

N'est-ce pas un acte héroïque jusqu'à l'invraisemblance que cette retraite opérée par le vice-bailli de Chartres avec sa petite troupe jusque sous les remparts du château de Sully-sur-Loire ? C'était d'ailleurs un caractère résolu que nous retrouverons bientôt à l'œuvre.

Patin estimait trop largement, suivant nous, à 7,000 hommes l'armée insurgée; il ajoute : « Ces révoltez de Soulogne ont 500 chevaux et un officier de l'armée. On dit que ces désordres iroient bien loin s'ils avoient un chef de remarque (2). »

Ce chef n'était-il pas secrètement désigné et tout prêt à prendre le commandement en cas de succès? Les mémoires contemporains, principalement ceux qui émanent des mécontents, laissent voir, tout au moins, que l'insurrection des sabotiers de Sologne n'est pas un fait isolé et spontané, mais bien plutôt une action préparée de longue main, secondée par les assemblées de la noblesse et se rattachant à tout un système combiné par les princes.

Charles de la Trémouille, prince de Tarente, constate l'accord, tardif à son avis, de Condé et du cardinal de Retz contre l'ennemi commun : « Je vous ai déjà fait remarquer que, si ces deux chefs de parti n'avaient pas attendu si tard à réunir leurs forces, le cardinal Mazarin était perdu sans ressources (3). » Le prince de Tarente

(1) *Lettres à Charles Spon*, t. II, p. 375. — Cf. pièce justificative I.

(2) *Lettres à Charles Spon*, t. II, p. 375.

(3) *Mémoires de H.-C. de la Trémoille, prince de Tarente*, Liège — Bassompierre, 1767, p. 218.

lui-même avait le choix de demeurér à Tróyes ou à
Auxerre, avec assurance de Mazarin qu'on l'y laisserait en
pleine liberté. C'était, en vérité, une confiance bien mal
placée ; le prince en donne la preuve : « Je préférai la
ville d'Auxerre à celle de Troyes par plusieurs raisons :
premièrement, parce qu'elle était moins éloignée de la
Sologne où se devaient assembler tous les députez de la
noblesse des provinces voisines, et j'aurais pu m'y rendre
aisément, si on y avait pris quelque résolution vigou-
reuse (1). »

Ces événements étaient donc prévus et, sans doute,
l'on savait aussi par avance qui mettre à la tête de l'armée insurgée. Patin nous rend encore le service de nous
apprendre le nom du futur généralissime.

« D'après ce qu'on a appris du maréchal d'Hocquincourt à sa mort, pendant que les Espagnols devaient secourir Dunkerque, ledit maréchal devait entrer en Picardie avec 6,000 chevaux, passer en Normandie et se
déclarer pour ces gentilshommes normands à qui on vouloit regratter quelque chose sur leur prétendue noblesse ;
prendre tous ces païsans révoltez devers Orléans, Gien et
Sulli, et y joindre les malcontens de Poitou. On croit que
cela eut fait grand bruit, et je le crois aussi (2). »

Ainsi les plus grands généraux de l'époque, Turenne,
Condé, d'Hocquincourt, servirent et combattirent tour à
tour la monarchie, suivant les exigences du parti auquel
les rattachaient leurs relations de famille, des liens d'a-
mitié et sans doute aussi le caprice de quelque beauté
royaliste ou frondeuse. Les femmes, en effet, s'immis-
cèrent passionnément dans la politique, à part les dames

(1) *Mémoires du prince de Tarente*, p. 212.
(2) *Lettres à Charles Spon*, de Paris, 26 juillet 1658. — Voir auss
Mémoires de Guy Joly, Rotterdam, t. II, p. 203.

vertueuses du grand siècle qui en compte beaucoup, et rivalisèrent de zèle, aux dépens quelquefois de leur réputation, pour gagner des adhérents aux différentes cabales qui se partageaient l'opinion.

Charles de Mouchy, marquis d'Hocquincourt, après avoir été battu par Condé à Bléneau, l'avait à son tour vaincu dans les faubourgs d'Étampes. Il faisait cependant, dès cette époque, quelques tentatives pour se rapprocher des frondeurs (1). Il était séduit à leur parti par les charmes de la duchesse de Châtillon, coquette émérite fort admirée par le jeune roi, à ce qu'affirme Loménie de Brienne, et qui fut longtemps la maîtresse de Condé. D'Hocquincourt avait pourtant obtenu, en novembre 1655, des lettres-patentes de pardon et rémission. Louis XIV y avait apposé sa signature, reconnaissant que le maréchal n'avait feint de se prêter aux desseins de ses ennemis que pour mieux connaître leurs projets.(2).

Mais une fois qu'on a quitté le chemin de l'honneur, il est bien difficile d'y rentrer. D'Hocquincourt avait tramé de nouveaux complots avec Condé. Sur le point d'être découvert, il s'enfuit en Flandre. Les Espagnols le chargèrent de défendre Dunkerque, de concert avec Condé qui, sous le drapeau de la France, leur avait pourtant repris cette ville en 1646. Étant sorti de la place pour inspecter les lignes françaises d'investissement, le maréchal d'Hocquincourt s'avança si près, que les Suisses tirèrent sur lui et le blessèrent mortellement. Transporté dans la petite chapelle de Notre-Dame-des-Dunes où Turenne vint le trouver, il eut à peine le temps de se reconnaître et de faire un testament par lequel il souhaitait

(1) *Mémoires de M*lle *de Montpensier*, 1738, t. II, p. 148.
(2) Bibliothèque de l'École des chartes, vol. XXXVIII, p. 183 — Documents français vendus à Londres le 17 janvier 1877.

d'être enterré à Notre-Dame-de-Liesse, demande à laquelle le roi accorda son consentement.

Mme de Motteville raconte qu'il survécut quelques jours, regrettant de mourir hors du service du roi, et qu'il fit supplier Louis XIV qu'en lui pardonnant son crime, son corps pût être enterré à Notre-Dame-de-Liesse, ce qui lui fut accordé facilement (1).

Ce tragique événement, arrivé au commencement du mois de juin 1658, c'est-à-dire en pleine insurrection des saboliers, eut pour eux des conséquences désastreuses. Il privait ces bandes indisciplinées du chef qu'on leur avait promis et, tant la démoralisation qui suivit fut grande, du concours que devaient leur apporter les révoltés des autres provinces.

II

Siége de Sully-sur-Loire.

Revenons au siége de Sully-sur-Loire. Il dura deux mois, de mai au 1er juillet 1658. D'après M. le docteur

(1) Coll. de *Mémoires*, *Michaud et Poujoulat*, 2e série, t. X. Le *Recueil de Gazettes et nouvelles* (Bibl. nat. ms fr. 17441) prétend le contraire ; mais il est encore démenti par les vers suivants de la *Muze historique* de LORET :

> Par la permission du Roy,
> Un assez lugubre Convoy,
> Où l'on voyoit Laquais et Pages,
> Et quantités d'autres Vizages,
> Transporta le corps, l'autre jour,
> Du feu maréchal d'Hoquincour
> (Suivant l'instance et la prière
> Qu'il en fit à l'heure derniére)
> A Liesse où l'on l'enterra,
> Dont maint Domestique pleura
> De souvenir et de tendresse,
> Quoy qu'ils fussent, lors, en Liesse.

(Lettre du 30 novembre 1658, éd. Daffis, t. II, p. 560.)

Boullet (1), 2,000 hommes seulement, détachés de l'armée insurgée, ont investi, non pas le château, mais la ville entière de Sully, restée fidèle au roi. « Les maisons furent pillées; les blés, vins, fourrages et bestiaux enlevés; joignez à cela la charge des gens de guerre envoyés par le roi. On comprend que la population de Sully devait avoir beaucoup souffert. » Elle en fut indemnisée en partie par un arrêt du conseil, du 30 avril 1659, qui prescrivait la remise aux habitants de 1,324 livres 3 sols de tailles arriérées pour l'année 1658, « attendu qu'il appert de ladite information des grandes pertes par eux souffertes pendant ces mouvements de l'année 1658, pour la garde et conservation de ladite ville au service de Sa Majesté (2). »

De plus, pour l'année 1659 et les trois suivantes, les tailles furent réduites de 7,000 livres à 3,000.

Avant l'envoi des troupes royales contre les sabotiers, le Parlement, à contre-cœur peut-être, à cause de ses vieilles attaches frondeuses, mais contraint par le roi et par les alarmes publiques, s'était décidé à sévir. Cela résulte de deux arrêts.

Dans celui du 3 juin 1658, il est dit que, malgré les ordonnances qui défendent de faire aucune assemblée et de prendre les armes sans le congé du roi, « quelques païsans du voisinage de la ville de Sully, excitez par personnes ennemies du repos public, ayant attiré avec eux d'autres particuliers de la province de Sollogne et de celle

(1) *Histoire de Sully, son château, son ancienne baronnie et ses seigneurs,* par M. le docteur BOULLET, maire de Sully. Orléans, Herluison, 1869, in-8.
(2) *Id.,* p. 89. Nous devons à l'obligeance bien connue de M. le docteur Boullet la communication de cette pièce, qui est conservée aux archives de la mairie de Sully. — Pièce justificative II.

du Berry, s'estoient attroupez, prétendant, sous prétexte
d'intérêt commun, former entre eux un corps de révolte,
et exciter sédition et mouvement en ces deux provinces (1). »

En conséquence, la Cour ordonnait aux baillis d'Orléans, Bourges, Issoudun et Gien, d'informer « desdites
assemblées illicites, ports d'armes, sédition et autres
voyes de fait, » enjoignait aux rebelles de poser les
armes sous peine d'être traités comme criminels de lèse-
majesté; défendait de les recevoir dans les maisons et de
leur donner aucuns vivres; commandait enfin aux gouverneurs des provinces, à leurs lieutenants et aux baillis
de courre sus aux séditieux en se faisant assister des
prévôts des maréchaux, et décidait que les procès seraient faits par les juges d'Orléans, Bourges, Gien.

Cet arrêt concernait surtout les paysans de la Sologne
et du Berry, soulevés près de Sully. Dix jours après, le
13 juin 1658, un second arrêt (2) indique que le mouvement s'étend au Poitou, et que la noblesse s'y mêle activement. On y lit en effet : que défense est faite à tous
gentilshommes et autres sujets du roi de se trouver aux
assemblées illicites, « soit soubs prétexte de querelles par-
ticulières, chasse ou autres quelconques. Et pareillement
à eux et tous autres de faire aucunes levées de gens de
guerre et recreües, et avec icelles tenir la campagne,
sans avoir sur ce ordre exprès du roi. » Les mesures de
répression sont les mêmes qu'au premier arrêt.

Cependant les arrêts du Parlement sont une arme peu

(1) Bibl. nat. imprimés. *Histoire de France,* Lb⁵⁷ 3295 (division
jurisprudence), 4 p. in-4. Cet arrêt est mentionné dans celui ci-des-
sous du 13 juin, qui en vise un troisième plus ancien du 28 février,
lequel ne se trouve pas à la Bibliothèque nationale.

(2) Bibliothèque nationale, imprimés, Z, recueil Thoisy, 7, f° 238.

dangereuse quand la volonté ou, peut-être, les moyens
font défaut pour en poursuivre l'exécution. Le duc d'Orléans, qui avait un pied dans tous les camps, tenta d'a-
paiser la sédition et d'ouvrir une voie à la conciliation.

Patin indique les conditions de paix proposées par les
paysans insurgés : « La révolte des païsans de Soulogne
continue contre les maltôtiers et les sergens. Le duc d'Orléans est revenu tout exprès de Bourbon à Orléans pour
empêcher ce tumulte qui peut, comme une boule de
neige, s'accroître merveilleusement. Ils demandent deux
choses qui, accordées, leur feront mettre les armes bas :
*Savoir, qu'on leur rabate quelque chose de la taille, et que
les liards ayent un cours libre dans les payements qu'ils
auront à faire.* On dit que Messieurs les intendans se
moquent de ces propositions (1). »

Ces conditions étaient inacceptables. Y accéder eût été
un acte de faiblesse et un danger tout à la fois. En trai-
tant les sabotiers *comme des belligérants*, on aurait légi-
timé leur révolte ; en satisfaisant toutes leurs prétentions,
on leur laissait les honneurs de la guerre. Quelle garantie
avait-on qu'ils ne recommenceraient pas, à la première
occasion, sous le moindre prétexte ? Qui pouvait assurer
que les provinces voisines ne se prévaudraient pas d'une
telle impunité et que le soulèvement, gagnant de proche
en proche, ne deviendrait pas général ?

Gaston d'Orléans, qu'on ne peut pas considérer en général comme suspect de prendre avec trop de chaleur les
intérêts de la cour, reconnut qu'il importait, dans cette
affaire, de sauvegarder le principe d'autorité. Aussi ne
promit-il son concours pour obtenir l'abolition en faveur
des paysans soulevés qu'à une condition : ceux-ci poseraient

(1) *Lettres*, t. II, p. 377.

3

les armes et mettraient entre les mains des prévôts un de leurs chefs avec ceux qui auraient pillé les greniers à sel.

C'est une nouvelle lettre du chancelier Séguier qui nous tient au courant de ces pourparlers. On avait jugé à la cour que cette proposition du duc d'Orléans produirait un bon effet, et l'on avait laissé au jugement de Gaston l'ordre de l'exécution; mais, ajoute le chancelier, « cella n'a pas réussi, et ces révoltez ont fait responce qu'ils n'estoient plus en estat d'exéquter ce qui avoit esté proposé, tellement qu'ilz demeurent armez, faisant beaucoup de désordres aux environs d'Orléans (1). »

Patin, ignorant ces faits, semble croire que la révolte s'est terminée pacifiquement : « Les païsans révoltés *pour les liards* vers Sally, Jargeau et Sancerre, sont d'accord. Le duc d'Orléans avoit ici envoyé pour eux vers Messieurs du conseil demander abolition et rabais de quelque chose sur les tailles, *et que l'on prendroit un peu de leurs liards ;* on leur a accordé tout ce qu'ils ont requis, ainsi l'on tient cette affaire parachevée (2). »

Après avoir chanté la paix, Patin n'achève pas sa lettre. Il quitte sa bibliothèque, court aux nouvelles et, fort effrayé, reprend la plume : « Il y a grand bruit à Orléans, s'écrie-t-il; la populace et les faubourgs s'y sont émus, qui, malgré toute la force de la ville et nonobstant la présence du duc d'Orléans, qui s'en est sauvé, ont pillé

(1) Bibl. nat. ms. fr. 6894, f° 82. (Le Tellier, papiers d'État, vol. XV.)— Pièce justificative III.

(2) *Lettre de Patin à Charles Spon, du 26 juillet 1658*, t. II, p. 382. C'est par une erreur, qui se reproduit assez fréquemment dans cette correspondance, que cette lettre est datée du mois de juillet. Elle relate les mêmes faits que celle du chancelier Séguier, et doit porter la même date : 26 juin 1658.

trois bateaux chargez de sel. On dit que ce mal ira bien plus loin et s'agrandira fort. *On a mis et réduit les liards à un double par arrêt du conseil* (1) qui a été partout publié et proclamé. Le bruit et le désordre continue dans Orléans. Les dernières lettres portent qu'on y a pillé jusqu'à sept bateaux de sel (2). »

Le récit de Patin est encore vérifié cette fois par Séguier : « Le fauxbourg du Portereau, dit-il, c'est révolté et a pillé nombre de barques de sel. Monsieur le duc d'Orléans, présent en la ville, c'est retiré à Bloys, et le courrier qu'il envoye à Messieurs les surintendans a dict en passant qu'il avoit trouvé la ville armée et les chesnes tendues, l'on ne sçait à quel dessaing (3). »

Ces faits de pillage de sel à Orléans furent très-nombreux dans la première moitié du XVIIᵉ siècle. Ils devaient forcément se renouveler en une année de troubles, de famine, de misère et de mortalité excessive. Malgré tous ces fléaux, les habitants étaient obligés, sous des peines rigoureuses, de consommer chaque année une certaine quantité de sel que le gouvernement, à bout de ressources, leur vendait très-cher (4). En pareilles circonstances, le pillage aurait dû mériter quelque indulgence, s'il n'avait précédé d'autres crimes.

(1) Les liards avaient été émis à trois deniers ; ils n'en valaient alors plus que deux, comme les doubles. Au moment où écrivait Patin, une ordonnance de police d'Orléans, du 28 juillet 1658, fixait le cours des doubles dans le commerce à deux deniers, malgré les bruits répandus de leur diminution, et défendait d'en faire refus.

(2) *Lettre de Patin à Charles Spon*, t. II, p. 385.

(3) Bibl. nat. ms. fr. 6874. — Pièce justificative III.

(4) En 1660, la ville d'Orléans paie au commis du grenier à sel 2,860 livres pour 65 minots de sel, qu'elle délivre gratuitement, selon l'usage, aux gouverneur, évêque, magistrats, commis du clergé, maire et échevins, officiers et pensionnaires de la ville. (Compte de François Regnard, fᵒ 142.)

Nous avons pu vérifier les récits de Séguier et de Patin
en compulsant les anciennes archives du bailliage et siége
présidial d'Orléans (1). Les faits d'émotion populaire
étaient des cas présidiaux ; mais ils étaient accompagnés
ici de sédition avec port d'armes, rupture, incendie et
pillage de nuit, avec efforts et voies de fait, qui étaient des
cas attribués au prévôt des maréchaux, devant lequel
étaient renvoyés les accusés pour être punis selon les ordonnances (2). C'est ce qui explique le peu de renseignements que ces documents, dont la rédaction est toujours
très-sommaire et uniforme, nous ont fournis.

On voit figurer sur ces plaintes des charretiers, des voi-
turiers, des bûcherons, des vignerons demeurant aux faubourgs Saint-Laurent et Saint-Marceau, à Chécy, Traînou,
Donnery. Le sel, après avoir été pillé, était vendu à bas
prix ou partagé. L'un des accusés, Claude Trahet, charre-
tier à Saint-Marceau, dit, en chambre du conseil, « qu'il
n'avoit jamais esté au pillage du sel, quoyqu'il fust vray
qu'on luy en eust donné trois ou quatre fois plain son
chapeau, et qu'il reçut lors un coup de baston sur l'es-
paulle (3). »

Ce pillage de sel n'est qu'un incident (4). Il sert du

(1) Archives du Loiret, série judiciaire, instructions par écrit, 1656-
1659.

(2) Cette juridiction militaire avait été réglementée par un édit de
1645, créant un prévôt général des maréchaux de France en chacune
des généralités d'Orléans et de Bourges. Elle avait été augmentée par
des édits de 1647, 1650 et 1651, rendus à l'occasion des troubles. Elle
prit fin à l'époque de la pacification, et l'édit de février 1661 rendit
aux lieutenants criminels la connaissance des crimes exceptionnelle-
ment réservés aux prévôts des maréchaux.

(3) Instructions par écrit, f° 294.

(4) Le surintendant Fouquet en signale encore un arrivé à Monte-
reau, au mois de mai 1660, c'est-à-dire après l'apaisement de tous les
troubles. (Bibl. nat. ms. fr. 6898, f° 197.)

moins à prouver que la boule de neige, dont parle Guy Patin, avait singulièrement grossi et que les sabotiers gagnaient du terrain. De Sully, le mouvement s'étendait le long de la Loire, remontant vers Sancerre et suivant son cours, par Jargeau, jusqu'à Orléans. Ils menaçaient même les grandes villes. Chartres avait fermé ses portes et fait le guet. Orléans, craignant une attaque comme celle qui, en 1363, l'avait failli livrer aux brigands des Grandes compagnies, ces ancêtres des sabotiers, Orléans tendit les chaînes à l'extrémité de ses rues (1); les compagnies volontaires, gardiennes ordinaires de la cité, prirent les armes, et l'on retira des mains de différents habitants de la ville les clés des tours et porteaux, qui furent toutes déposées à l'hôtel commun (2).

Les habitants de Saint-Benoît montèrent la garde à l'abri de leurs fortifications. Ceux de Sully faisaient toujours cause commune avec le vice-bailli de Chartres. Avec leur concours, il opéra une sortie, sous le canon du château, pour avoir des vivres ; et il eut la bonne fortune d'enlever, à la vue des révoltés, trente muids de farine qu'il entra dans Sully sans coup férir. « Ceux de la ville de Gien, écrivait Séguier, comte de Gien, m'ont escript qu'ilz ne recepvront personne dans leur ville et qu'ilz garderont leur pont que ces révoltés menaçoient de brusler ; ainsy les troupes pourront passer, et seroit à désirer qu'il y eust des gens de

(1) Ces chaînes de fer, tendues dans chaque quartier pour éviter toute surprise, sont une des mesures de prudence que les Orléanais prirent de toute ancienneté en temps de troubles. Cet état de choses est en vigueur en 1392, d'après le plus ancien compte de forteresse de la ville.

(2) Compte de François Regnard, 1659-1661, fo 14, archives municipales d'Orléans.

pied, estant certain qu'ils feroient plus d'effect que la cavallerie (1). »

On s'était enfin décidé à envoyer des troupes, moyen
plus propre à dompter une sédition que des arrêts du
Parlement. Elles étaient conduites par le sieur Piloy ou
de la Piloys, lieutenant-général, et se montaient au nombre de 1,800 à 2,000 hommes, fantassins et cavaliers.
Elles comprenaient le régiment d'Orléans, celui de Mon-
tausier et celui de Clérambault. Ce dernier avait l'habitude de pareilles expéditions. En 1656, le maréchal de
Clérambault avait apaisé la rébellion de Marennes avec
François de Fortia, alors intendant du Poitou, qui allait
passer à l'intendance d'Orléans en octobre 1658, et instruire activement l'affaire des sabotiers de Sologne et
celle des assemblées de la noblesse.

Ces troupes, ayant opéré leur jonction avec la petite
bande de cavalerie du vice-bailli de Chartres, attaquèrent
les insurgés et les défirent.

Nous n'avons aucun détail sur le combat où fut con-
sommée la perte des sabotiers de Sologne; mais un écrivain contemporain, un témoin oculaire, Dom Thomas Le
Roy, prieur de Saint-Benoît-sur-Loire, nous renseigne sur
l'usage qu'on fit de la victoire (2). Ce fut l'application
énergique du vieux dicton sur la coutume de Lorris :
« Les battus paient l'amende, » non pas l'amende, si l'on
veut, mais la taille. Le vice-bailli de Chartres, au prix de
300 livres par jour, se mit avec les archers de la maréchaussée et même les troupes venues à Sully, à la solde
des maltôtiers, pour le recouvrement des tailles. Il allait
de village en village, mettant dans chaque maison une gar-

(1) Bibl. nat. ms. fr. 6894. Pièce justificative II.
(2) Bibliothèque publique d'Orléans, ms. 394 bis. Pièce justificative III.

nison qui ne s'en éloignait que lorsque la taxe était entièrement payée. Ces mesures procurèrent beaucoup d'argent, mais ruinèrent le pays. Il se produisit, à cette
occasion, un fait qu'on n'avait pas revu depuis les plus
désastreuses années de la lutte avec les Anglais ou des
guerres de religion : des populations fuyant leurs foyers,
non plus par crainte du pillage et des violences, mais
pour échapper à la perception brutale d'impôts excessifs.

Ce n'est pas seulement en Sologne que le vice-bailli de
Chartres s'emploie au recouvrement des tailles. Les registres de la paroisse de Voves ont conservé, de son passage
en Beauce, une mention dont nous devons la communication à l'obligeance de M. Merlet, l'érudit archiviste
d'Eure-et-Loir :

« Le dimanche sixième jour d'octobre 1658, les trouppes
de M. le vis-bailly de Chartres arrivèrent à Voves sur les
unze heures du soir, soubz p. étexte de faire payer les
tailles. Ces trouppes estoient commandées par Saint-Agnès,
Mr Liennard, normand et autres. Ilz ont desmoli toute la
closture du presbitère, de l'église et autres murailles. »

Le chapitre de Notre-Dame de Chartres, seigneur spi-
rituel et temporel de Voves, dans sa requête aux magistrats de la Tournelle pour obtenir réparation des dégra-
dations commises, donne le détail des excès et des profa-
nations auxquels se livrèrent les troupes du vice-bailli (1).

On conçoit que de pareils exploits soient restés légen-
daires dans nos contrées. Ils ont, pensons-nous, donné
naissance au dicton populaire : « C'est celui-là qui fait
payer la taille aux Solognots ! » appliqué aux gens énergiques, violents même, devant la volonté desquels tout

_____

(1) *Mémoires de la Société archéologique d'Eure-et-Loir*, t. I,
p. 77 et 176.

doit céder. Nous l'avons entendu répéter bien des fois, en Sologne et en Beauce, sans qu'on ait jamais pu nous en expliquer le sens.

Ce vice-bailli de Chartres eut une singulière destinée. Après s'être dévoué au service du roi pour comprimer la révolte des sabotiers en 1658, on retrouve, et le rapprochement des dates permet de croire à une identité de personne, un vice-bailli de Chartres, nommé Margenville, qu'une ordonnance royale, du 12 août 1664, défend de secourir et de retirer dans les châteaux et maisons fortes, comme condamné à mort, ainsi que ses complices (1). Il était donc rebelle à son tour.

Les Mémoires de Montglat rapportent en deux mots l'insurrection des sabotiers et leur répression, qui n'eut rien de pareil à celle des brigands de Naples que Loret présage aux sabotiers de Sologne en ces vers (2) :

> J'ai bien peur que nos sabotiers,
> Malins, brutaux, acariâtres,
> Entre-mêlés de gentilâtres,
> Ne soient, bientôt, ainsi traités
> Pour leurs forfaits et lâchetés.

Montglat ajoute : « Il y en eut de pendus, et un gentilhomme nommé Pomesson, qui favorisait leur révolte, eut la tête tranchée (3). » C'est aller un peu vite en besogne et commettre en peu de mots une double erreur.

D'abord, Montglat semble croire que l'exécution eut lieu sur-le-champ, tandis que ce gentilhomme ne fut mis à

(1) Cet ordre royal, publié dans les carrefours et marchés d'Orléans, fut imprimé dans cette ville par François Rousseau, 4 pages in-4, 1664.

(2) *La Muze historique*, lettre 26, du 6 juillet 1658, éd. P. Daffis, t. II, p. 497.

(3) Collection Petitot, *Mémoires de Montglat*, p. 333.

mort qu'à la suite d'un long procès, le 13 décembre 1659,
c'est-à-dire dix-huit mois après l'apaisement de la sédition. Il avait quitté la France après la déroute de ses
bandes; et, lorsqu'on put remettre la main sur lui, il fut
puni plus peut-être comme un agent des assemblées de la
noblesse, ainsi qu'on le verra au chapitre suivant, que
pour avoir été le chef des sabotiers de Sologne.

Ensuite, il ne s'appelait ni Pomesson, comme dit Montglat, ni Baudesson, suivant Patin, ni même Bonnesson,
nom que lui donnent Mazarin, Colbert, Séguier, Le Tellier, et qui n'est qu'une dénomination provenant d'un
fief.

Le véritable nom de ce gentilhomme c'est Gabriel, ou
Philippe de Jaucourt (1), seigneur de Bonnesson (2) et
de Changy (3).

Il était issu de l'une des plus anciennes familles de la
province de Bourgogne, récemment établie en Berry et
en Nivernais.

De nombreux membres de cette famille semblent avoir
embrassé le protestantisme. Renée de Jaucourt avait
épousé François de Briquemault, seigneur de Briquemault
et de Dammarie-sur-Loire. Son frère, Louis de Jaucourt,
aïeul du personnage qui nous intéresse, maria l'un de ses
fils à Marthe, fille aînée de Philippe du Plessis-Mornay,
et sa plus jeune fille, nommée aussi Renée, à Benjamin
Auberi du Maurier, ambassadeur en Hollande, protestant
zélé, ami de Bongars. La famille de Jaucourt eut des
alliances avec les d'Orléans, les de Guéribalde et les Pe-

(1) Ce nom a échappé à M. Pierre Clément, l'éditeur des *Lettres de
Colbert*. Il figure cependant dans l'arrêt de condamnation que nous
publions aux pièces justificatives.
(2) Commune de Nuars, département de la Nièvre.
(3) Commune de Bessay-sur-Allier, département de l'Allier.

laut, toutes familles orléanaises. Elle portait : de sable à
deux léopards d'or posés l'un sur l'autre; supports : deux
pucelles ; cimier : un léopard. Au moment de la Révolution, des descendants de cette famille habitaient Beaugency.

Gabriel de Jaucourt eut trois frères, dont deux morts
au service dans le régiment d'Enghien, ce qui explique
ses relations avec le prince de Condé. Il se marie deux
fois, d'abord en 1639. Sa première femme, sœur de sa
belle-mère, s'appelle Élisabeth Bellanger (1).

Elle lui apporte en mariage la petite seigneurie de Bas-
four-en-Sullias (2). C'était une habitation entourée de
fossés alimentés par un étang. Aujourd'hui Baffou est
une manœuvrerie tombant en ruines et dont les fossés
sont en partie comblés. Elle est située près de Viglain, à une
lieue de Sully, sur le chemin de Rosouer à Villiers, non
loin de la route de Viglain à Sully (3).

On s'explique maintenant très-bien comment Gabriel de
Jaucourt fut mis à la tête des sabotiers, puisqu'il résidait
au centre même de la contrée insurgée.

Afin de pacifier complètement les Solognots, le prix des
liards, déjà réduit à un double, fut abaissé à un denier.
Mais, avec la meilleure bonne volonté, on avait dépassé
la mesure. « Les plaintes que l'on a faites, dit Patin,

(1) Ces renseignements généalogiques sont extraits du Cabinet des
titres de la Bibliothèque nationale : *Dossiers bleus*, no 3674, famille de
Jaucourt, et des *Généalogies des familles orléanaises*, du chanoine
Hubert. M. Pierre Clément, à propos de Bonnesson, Laubarderie,
Lézanville, Dannery, Créqui et Moulins-Chapel, dit : « Nous n'avons
pu nous procurer de renseignements biographiques sur aucun d'eux. »
(*Lettres de Colbert*, t. I, p. 364, note 1.)

(2) Basfort est indiqué sur la carte de Delisle.

(3) Ces indications nous ont été fournies par M. Boullet, docteur en
médecine à Sully, ancien maire de cette ville.

ont obligé nos souverains magistrats de les faire demeurer à un double, de peur de quelque mauvaise conséquence, comme il avait déjà été ordonné à Rouen par
arrêt du Parlement, pour toute la Normandie, à Orléans
et ailleurs (1). »

CHAPITRE III

LES ASSEMBLÉES DE LA NOBLESSE DANS L'ORLÉANAIS

I

Les premières assemblées pendant la Fronde

(1649-1652.)

Les deux premiers chapitres de cette étude établissent
que le changement de monnaie, spécialement en ce qui
concerne les liards, fut une des principales causes de la
guerre des sabotiers de Sologne.

Un lien plus étroit encore relie cette émotion populaire avec les Assemblées de la noblesse. On connaissait
en haut lieu l'existence de cette ramification, mais les détails n'en furent publiquement révélés qu'à l'occasion du
jugement de Gabriel de Jaucourt, seigneur de Bonnesson.

Avant d'analyser les nombreuses pièces qui constituent

(1) *Lettres de Patin à Ch. Spon*, t. II, p. 400, 13 août 1658.

le dossier de ce procès, il est utile d'étudier l'origine et
le développement des assemblées de la noblesse, en insis-
tant sur les plus importantes de celles qui se sont tenues
dans les provinces limitrophes de l'Orléanais.

Pendant la première Fronde, la cour, retirée à Saint-
Germain-en-Laye, publiait, le 23 janvier 1649, une lettre-
circulaire pour la convocation des États-Généraux qui
devaient s'assembler à Orléans le 15 mars de la même
année (1). Il est difficile de démêler le motif qui inspira
cette résolution. Espérait-on que les députés de la nation s'élèveraient au-dessus d'un Parlement tout-puissant?
Voulait-on maintenir la noblesse en accord avec les autres
ordres et, par suite, détruire des velléités de révolte encore
à l'état latent? N'était-ce pas plutôt un moyen de gagner du
temps et de permettre aux troupes royales de s'assembler?
En tout cas, personne ne crut à une convocation sérieuse des États-Généraux, et d'ailleurs aucune suite n'y
fut donnée. Ce n'en était pas moins une faute que l'on eut
à regretter. Cette promesse fut exploitée par la noblesse et
donna naissance à une agitation qui n'était pas près de
se calmer.

Elle commence au mois de février 1651. Le 2, le duc
d'Orléans donne son adhésion par écrit à l'Union de la
noblesse signée le 4, à Paris; deux cent soixante-douze
personnes apportent leurs signatures, qui ne couvrent
pas moins de six pages. Là figurent les plus grands noms
de France et les meilleures familles de l'Orléanais : les
marquis de Sourdis, de Vitry et d'Alluye, les seigneurs de
Saint-Simon, de Montpipeau, de Saumery, de Bouville,
de Cléreau, de Dampierre et beaucoup d'autres. Deux
jours après, le 6 février, l'assemblée de la noblesse

(1) MOREAU, *Bibliographie des Mazarinades*, n° 1829.

se tenait aux Cordeliers. Elle devait durer jusqu'au
25 mars (1). On tenta d'entraîner le clergé à demander,
de concert avec la noblesse, la réunion des États-Généraux. Dans ce but, le marquis de Vitry, puis le comte de
Fiesque, président de l'assemblée, prononcèrent deux
harangues. Celui-ci, le 15 mars, était accompagné d'un
secrétaire et de douze députés, un par chaque province.
Ces tentatives ne furent pas couronnées de succès, et le
tiers-état ne favorisa pas davantage les prétentions de la
noblesse. Elles furent même combattues par ses propres
membres dans plusieurs provinces. Aussi tous les efforts se tournèrent vers les récalcitrants; on réclamait
leur adhésion par des lettres-circulaires, et l'on envoyait
des modèles de procuration à tous les gentilshommes
de France. Ces imprimés furent réfutés par d'autres
brochures. C'est l'époque où le pamphlet règne en
maître.

Le bruit qui se fit à l'occasion de l'assemblée des Cordeliers lui donna plus d'importance qu'elle n'en avait
réellement. La cour crut à un mouvement de l'opinion
publique et feignit d'y céder. Les membres de la noblesse arguaient des atteintes portées à leurs droits et
immunités pour dresser les cahiers de leurs plaintes, afin
de les présenter ensuite aux États-Généraux. Ils en demandaient la réunion, se croyant sûrs de les dominer,
comme en 1614. Le duc d'Orléans leur avait déjà promis
qu'on tiendrait compte de leurs réclamations; le 25 mars
1651, dernier jour de l'assemblée, le prince de Condé
leur apporta, de la part de Leurs Majestés, l'assurance

(1) *Bibliographie des Mazarinades.* — Les pièces qui concernent
cette assemblée des Cordeliers portent, dans Moreau, les nᵒˢ 887, 892,
1571, 1573, 1604, 1750, 1793, 1819, 1826, 2236, 2252, 3472, 3519,
3905.

que les États seraient convoqués pour le 8 septembre suivant.

On ne donne plus de suite à ce projet qu'en 1649. Le
12 juin 1651, des lettres du roi, confirmatives de celles
des 17 mars, 4 et 15 avril, fixent la convocation à l'é-
poque indiquée par Condé, et le 8 octobre une lettre de
cachet est adressée au maréchal de L'Hopital, pour aver-
tir les députés des provinces de se rendre au plus tôt
dans la ville de Tours, afin de tenir les États-Généraux
du royaume (1). Cette fois, en effet, les députés avaient
été nommés. A Orléans, l'assemblée se tint dans la grande
salle du Châtelet, le 9 septembre 1651, en présence de
Charles d'Escoubleau, marquis de Sourdis, gouverneur et
bailli d'Orléans. Là furent élus, pour le clergé : l'évêque
d'Orléans et Meusnier, doyen du chapitre; pour la noblesse : le marquis de Sourdis, gouverneur, et le sieur
de Javercy; pour le tiers-état : le lieutenant-général de
Beauharnais et Boilêve, maire de la ville (2).

Tout s'était passé sans désordres à Orléans. Il n'en fut
pas ainsi partout. A Chartres, par exemple, l'assemblée
des trois États de la province avait été convoquée le
17 août. Les lieutenants criminel et particulier voulurent
y prendre séance comme le lieutenant-général. Ce droit
fut contesté par certains membres de la noblesse, prétendant avoir obtenu au Mans et à Vendôme, et devoir réclamer à Orléans, que le lieutenant-général assistât seul,
avec les gens du roi, à l'assemblée. On voulut remettre à
quinzaine pour vider le différend; mais cette décision,
hâtivement prise, fut mal interprétée. Les discussions
recommencèrent; un tumulte s'en suivit; et, dans une

(1) MOREAU, nᵒˢ 2195, 1903.
(2) Bibliothèque d'Orléans, ms. 435 ter.

assez vive collision entre la noblesse et le peuple, il y eut un certain nombre de blessés et de tués des deux parts (1).

Cependant les États ne s'assemblèrent pas plus à Tours en 1651 qu'à Orléans en 1649. Un certain nombre de députés s'étaient bien rendus dans la capitale de la Touraine; mais il s'agissait de toute autre chose que de l'ouverture des États pour le 8 septembre. Le choix seul de cette date indiquait la ferme intention de ne point tenir les promesses faites au nom de la régente. Le 5 du même mois, en effet, Louis XIV atteignait sa majorité; le 7, elle était proclamée en lit de justice. Condé n'y assistait pas; il préparait son départ pour la Guyenne. On connaît la rapidité de son retour, et les événements importants qui se pressèrent alors dans l'Orléanais sont dans toutes les mémoires.

C'est à l'approche de ces circonstances critiques, pendant que l'armée mazarine opérait dans l'Ouest de la France et à la veille de la capitulation d'Angers, que les assemblées de la noblesse jugèrent opportun de reprendre leurs menées. Le 27 février 1652 fut signé à Magny (2) un nouvel acte d'union entre les gentilshommes du Maine, de l'Ile-de-France, du pays chartrain, auxquels se

(1) On trouve les deux versions de ce fait dans le *Procès verbal contenant tout ce qui s'est faict et passé dans l'assemblée générale faicte à Chartres, pour députer aux Estats généraux, avec le rapport faict au Roy et à la reine régente, par les députez de la noblesse du pays chartrain, ensemble l'arrest du conseil d'État sur ce intervenu*, auquel il faut joindre le *Mémoire présenté au Conseil du Roy par la noblesse du Baillage de Chartres, du 22 septembre 1650* (erreur pour 1651); c'est la relation de la noblesse; et dans la *Relation véritable de ce qui s'est passé à Chartres en l'assemblée des trois Estats de la province, le dix-septiesme jour d'aoust 1651*. Cette relation, due aux officiers du roi, est inconnue de Moreau.

(2) Chef-lieu de canton du département de Seine-et-Oise.

joignirent ceux d'Étampes, Beaugency, Romorantin, et ceux de l'Orléanais, du Dunois, du Blaisois, du Vendômois.

À cette même date, pensons-nous, doit se rapporter l'assemblée de Terminiers, où fut arrêtée l'*Union de plusieurs gentilshommes de la Beauce contre les désordres des gens de guerre* (1). En effet, là comme à Magny, on rencontre un commencement d'organisation, et non plus seulement des discours et des réclamations comme à l'assemblée des Cordeliers de Paris. Les seigneurs de Baignaux, Cambray, Cotainville, Fronville, Gidy, Janvry, Lumeau, Mihardoin, Richeville, Viabon, Villeprévost, s'unissent avec plusieurs de leurs voisins, sous prétexte de se défendre, eux et leurs fermiers, contre les excès des gens de guerre. Ils se constituent en compagnie; nomment un capitaine, un lieutenant, un enseigne et un maréchal-des-logis choisis parmi eux. Ils s'engagent à monter à cheval au premier appel, promettent d'obéir à leurs chefs, et protestent de se joindre aux autres bailliages et de les faire venir à leur union. De là à l'action il n'y avait qu'un pas. Qu'attendaient-ils pour le franchir? Peut-être les premiers succès de l'armée de Condé.

Et pourtant ces gentilshommes n'avaient pas à se plaindre de la monarchie. Elle ne leur avait jamais ménagé ses faveurs et venait tout récemment de leur en accorder de nouvelles, notamment sur le droit qu'on appelait *Privilége des gentilshommes de Beauce*.

Voici quelle était son origine.

Sous le règne de Charles VI, durant la guerre de cent ans, et par suite des déprédations et des incursions con-

(1) Bibl. d'Orléans, ms. 435 (3), f° 360. Le document indique *Termigny* (?); nous avons cru devoir lire Terminiers, pays situé à proximité des localités ou fiefs dont les noms sont portés par les signataires de l'*Acte d'union*. — Pièce justificative IV.

tinuelles des gens de guerre, se manifesta dans la Beauce, l'un des pays les plus *foulés*, une crise semblable à celle dont nous sommes actuellement menacés par des raisons tirées de l'ordre économique. On ne trouvait plus de fermiers, et cette riche contrée, l'une de celles qui approvisionnent directement Paris, menaçait de rester inculte. Charles VI y pourvut par son ordonnance de 1388, année qui vit aussi la réduction des tailles pour le peuple. Le roi autorisait les gentilshommes possesseurs de terres en Beauce à les faire labourer, pour leur compte et à défaut de fermiers, par leurs receveurs et *serviteurs domestiques*. Les métairies ainsi administrées étaient rayées du rôle des tailles des paroisses.

Cependant le remède ne fut pas toujours efficace. On voit, en effet, au milieu du XVe siècle, certains de ces nobles chercher ouvertement leur vie dans le brigandage. Le 10 mars 1454 (v. s.), d'après le *Compte de Forteresse* d'Andrè Saichet, un sergent du duc d'Orléans fait deux voyages à Toury, à Bazoches et autres lieux de Beauce pour faire commandement « à plusieurs gentilzhommes de Beausse et autres gens d'armes qui tenoient les champs et logeoient par les villaiges de ladite Beausse en la terre de mondit seigneur d'Orléans, et vivoient sans payer leurs despens, qu'ilz deslogeassent. »

Le privilége des gentilshommes de Beauce fut confirmé par Charles IX, Henri III (1), Henri IV (2) et Louis XIII (3). Mais, comme la situation s'était successivement améliorée et que, d'autre part, certains abus tentaient de se substituer définitivement à la tolérance accordée,

(1) États de Blois, art. 256.
(2) Réglement des tailles de 1600, art. 19.
(3) Ordonnance de 1629, art. 189. — V. *Œuvres de Claude Henrys*, Paris, 1708, in-f°, II, p. 398.

les réglements sur le fait des tailles arrêtèrent que chaque gentilhomme ne pourrait faire valoir qu'une seule terre ne dépassant pas les limites de la paroisse. Toute infraction, particulièrement à l'occasion de baux secrets et frauduleux, fut punie de la déchéance du privilège ; et les terres qu'on avait voulu soustraire aux taxes étaient immédiatement rétablis s ur les rôles.

Cependant la noblesse voulait obtenir davantage et l'obtint, pendant les troubles de la Fronde, grâce au désir qu'on avait de maintenir la fidélité de cette classe, même au prix d'importantes concessions.

Une requête fut présentée en 1650 par Pierre de Brisay, vicomte de Denonville ; François Le Venier, sieur de la Grossetière et de Sainte-Escobile ; Charles de Hallot, baron du Puiset ; Louis de Villereau, sieur de Launay ; Henry de Chartres, sieur de Charleville ; Louis du Plessis, baron de la Perrine ; Florimond de Meaucé-Larinville, sieur de Villebeton ; Jean Guichard, chevalier de Peré ; René de Vimeur, chevalier, sieur de Rochambault (sic) ; à eux se joignirent des gentilshommes des bailliages d'Orléans, Blois, Amboise, Vendôme, du Perche, de Chartres, Étampes, Montargis, Gien, Dreux, Montfort, Dourdan et autres villes du pays et gouvernement de Beauce.

Ils demandaient qu'il leur fût permis de faire valoir, par leurs domestiques, non seulement une terre, mais plusieurs, sans qu'on les pût cotiser. Après un arrêt du conseil d'État et une ordonnance conforme en date du 22 octobre 1650, le roi, par déclaration donnée à Fontainebleau le 8 novembre, fit droit à leur requête. Sa déclaration fut enregistrée au Parlement le 16 janvier 1651 ; mais comme la cour des aides refusa son insinuation, les gentilshommes ne jouirent de leur octroi que par la tolérance des *élus* (1).

Les hobereaux de la Beauce avaient une réputation légendaire de pauvreté, sinon de parcimonie. Bonaventure des Périers, le joyeux conteur, cite deux proverbes qui leur sont assez peu favorables :

« Gentilhomme de Beauce qui garde le lit quand on refait ses chausses, et qui vend ses chiens pour avoir du pain (2). »

« Gentilshommes de Beauce qui sont deux à cheval quand ils vont par pays. »

Il y a un troisième proverbe qui semble présenter une certaine obscurité :

« C'est comme Messieurs de Beauce, une épée pour trois. »

Il faut en chercher l'explication, pensons-nous, dans les revues des gentilshommes de l'Orléanais au XVIIe siècle. On y voit que, souvent, plusieurs de ces gentilshommes se cotisent afin d'équiper l'un d'eux. Celui-ci se présentait, tantôt pour son propre compte, tantôt pour celui de ses associés, aux convocations du ban de la noblesse (3).

La modicité de leurs revenus réduisait parfois ces gentillâtres à vivre d'expédients, même des moins avouables. Charles Pertecot, seigneur de Bursy, est poursuivi pour

(1) L'édit de 1667 restreignit leur privilége à l'exploitation d'une seule terre de quatre charrues pour les ecclésiastiques et les gentils-hommes, et de deux charrues pour les officiers privilégiés et les bourgeois de Paris. — *Œuvres de Cl. Henrys*, t. II.

(2) M. G. Duplessis a trouvé, dans les recueils anglais, le même proverbe appliqué à une petite ville du comté de Chester : « C'est le maire d'Alsingham qui reste au lit pendant qu'on raccommode ses chausses. » — *La fleur des proverbes français*, p. 64.

(3) Nous ne citerons de ce fait qu'un exemple, emprunté à la *Revue des gentilshommes du gouvernement d'Orléans* pour le ban de l'année 1689, celui du sieur de Jaucourt Baffor (sic) pour le sieur de Marche-clair. Plusieurs de ces revues sont imprimées à la fin des coutumes d'Orléans annotées par Delalande.

vol à main armée sur le grand chemin d'Orléans à Paris (1).

Un autre gentilhomme de Beauce, Philibert Gassot, sieur du Croisy, s'est fait un nom au théâtre. Il dirigeait habilement avec sa femme une troupe de province quand Molière, qui l'avait remarqué, les engagea tous les deux en 1659. Du Croisy joua dans vingt-deux pièces de Molière et créa le rôle de Tartuffe.

La noblesse de province fut transportée sur la scène et ridiculisée dans un grand nombre de pièces. Citons seulement : le *Marquis ridicule* ou *la Comtesse faite à la hâte*, par Scarron, en 1656 ; le *Campagnard*, par Gillet de la Tessonerie, en 1657 ; l'*Écuyer* ou *les Faux nobles mis au billon*, de Claveret, en 1666 ; le *Gentilhomme de Beauce*, de Montfleury, en 1673, l'année même où Molière écrivait le *Bourgeois gentilhomme*.

Quoi qu'il en soit, la reconnaissance n'était pas la vertu dominante des nobles beaucerons, puisqu'ils répondirent à la déclaration du roi en faveur de leurs priviléges par un acte d'union et que les assemblées recommencèrent.

Citons, pour abréger, parce qu'elles ont moins d'importance : celle de Maintenon, 16 avril 1652 ; celle de Nogent-le-Roi, 15 mai ; celle de La Roche-Guyon-sur-Seine, château du duc de Liancourt, où l'on se réunit le 9 juin, quoique le duc eût reçu une lettre de cachet défendant les assemblées. On y décida cependant l'envoi d'une députation vers le roi pour se plaindre des violences commises à Chartres, et demander la paix et les États-Généraux. Rendez-vous était pris à Dreux pour le 21 juillet, afin que la députation rendît compte de sa mission (2). Il avait été dit

(1) Inventaire des archives d'Eure-et-Loir, B, 801, 1655-1660.

(2) Résultat de l'assemblée de la noblesse tenue à Dreux. Moreau, n° 3520. Ce résultat a été publié dans le *Bulletin de la Société archéologique d'Eure-et-Loir*, n° 134.

à La Roche-Guyon, de la part du roi, que la noblesse ferait bien mieux de venir à l'armée que de se mêler d'intrigues. En conséquence, il fut résolu que les gentilshommes monteraient à cheval pour se rendre à Magny, Courville et Houdan, afin d'y attendre les ordres de Sa Majesté. Mais lorsque la députation se présenta à la cour dans la ville de Melun, on sembla moins désireux — peut-être était-on mieux informé — de voir la noblesse prendre les armes. Comme d'ailleurs on avait promis les États-Généraux pour le 1er novembre 1652, l'assemblée de Dreux se sépara satisfaite, mais non sans avoir résolu de se réunir le 15 du même mois à Châteaudun, « dans le cas où la promesse du roi ne serait pas tenue. »

Après chaque assemblée, une lettre-circulaire, sorte de procès-verbal, était adressée à tous les gentilshommes de France. Elle portait la signature de Charles d'Ailly-Ennery, secrétaire de toutes ces assemblées, personnage que nous retrouverons bientôt sous le nom de Dannery.

Il est superflu d'ajouter qu'en 1652 tout se passa de la même manière qu'en 1649 et 1651, et que les États-Généraux ne se réunirent pas. Ni la cour, ni le Parlement n'en voulaient. On ne s'occupa même pas de colorer les apparences et de faire nommer les députés. D'ailleurs, les événements se précipitaient; le 13 octobre, Condé quittait Paris où le roi rentrait le 21. La Fronde était terminée; les assemblées de la noblesse cessèrent.

Elles devaient bientôt se reconstituer.

II

Arrêts et poursuites contre les nobles.

Les haines allumées par la Fronde furent lentes à s'éteindre. On avait bien intenté un procès de haute trahi-

son au prince de Condé, qui s'était méconnu jusqu'à porter son épée à l'Espagne. Dans un lit de justice tenu le
27 mars 1654, convaincu de lèse-majesté et de félonie, il
fut déchu du nom de Bourbon et condamné à recevoir la
mort. Mais la cour conserva surtout un profond ressenti-
ment contre la noblesse qui, au lieu de se rallier autour
du jeune roi, s'était maintenue dans une attitude au moins
indécise et lui avait plutôt créé des embarras et des en-
nuis par ses assemblées et ses réclamations incessantes.

Aussi, dans la détresse toujours croissante où se trouvaient les finances de l'État, ne craignit-on pas de frapper la noblesse à la fois dans ses priviléges et dans ses
intérêts. En 1655, la cour supprime les États de la province de Normandie. « Louis XIV avait bien promis, il
est vrai, de les réunir de nouveau quand il le jugerait à
propos; mais ses paroles n'avaient trompé personne, et la
suite du règne justifia cette méfiance (1). » Cette décision
provoqua une vive irritation dans les provinces de l'Ouest.

Puis viennent les mesures fiscales. Le 30 décembre
1656, déclaration du roi pour la recherche des usurpateurs de noblesse et de ceux qui ont indûment pris la
qualité de chevalier ou d'écuyer (2). Le titre n'était pas,
pour ces usurpateurs, une pure satisfaction de vanité. Ils
en tiraient un avantage immédiat, réel, en ces temps de
misère : l'exemption des tailles par la complaisance des
élus et collecteurs. Il n'y a pas les deux tiers des contri-
buables qui soient imposés, assure l'édit. Les personnes
frappées par cette déclaration devaient payer une amende
de 2,200 livres, et l'on en fit remonter l'effet jusqu'à
l'année 1606.

(1) P. Clément, Introduction aux *Lettres, instructions et mémoires
de Colbert*, I, p. LXXXI.
(2) Bibl. nat. *Mélanges Clairambault*, vol. 154, années 1655-1659.

C'est à ces événements que fait allusion l'avocat-poète orléanais, Jean de Claveret, connu surtout par ses démêlés avec P. Corneille, dans sa comédie intitulée : l'*Écuyer ou les Faux-nobles mis au billon, comédie du temps, dédiée aux vrais nobles de France* (1).

Peu de temps après, un édit du roi, vérifié en Parlement le 3 mai 1657, portait permission aux roturiers de posséder des fiefs et biens nobles avec affranchissement des droits de francs-fiefs à l'avenir (2).

Enfin, une déclaration du 17 septembre 1657 ordonnait que tous les anoblis depuis l'année 1606 verseraient dans les caisses de l'État une somme de 1,650 livres. Un arrêt du conseil d'État du 14 mars 1658 réduisit ce droit à 1,500 livres (3).

Nous avons indiqué, dans le second chapitre de ce travail, la coïncidence parfaitement établie entre les édits contre la noblesse et les nouvelles assemblées, suivies de près par les agitations qu'elles provoquent, notamment l'insurrection des sabotiers de Sologne.

C'est qu'en effet une grande partie de la vieille noblesse avait pris parti pour ces usurpateurs et ces nouveaux anoblis qui cherchaient à se glisser dans ses rangs. Elle voyait avec déplaisir la direction de l'État confiée à des roturiers tels que Le Tellier et Mazarin, hommes disposés à traiter toute tentative de rébellion ou d'indépendance à la manière de Louis XI et de Richelieu, de façon à prévenir la moindre velléité de retour aux funestes luttes de la féodalité.

Ces gentilshommes, habitués à la vie des camps depuis plusieurs générations, n'avaient pas déposé leurs armes

(1) Paris, 1666, in-12.
(2) Bibl. nat. *Mélanges Clairambault*, vol. 154.
(3) *Id.*

pendant les guerres civiles. Les pères avaient combattu dans les rangs des protestants ou des ligueurs, les fils au milieu de la bourgeoisie frondeuse. Ils étaient toujours prêts à tirer l'épée hors du fourreau.

Il faut avouer, d'ailleurs, que leur dernier refuge était admirablement choisi. Ils se donnaient l'apparence de défendre des libertés légitimes en combattant, au nom des vieilles franchises provinciales, le principe d'autorité que les ministres de la minorité de Louis XIV avaient eu tant de peine à faire prévaloir. Ils réclamaient, en 1658, la réunion des États de Normandie comme, en 1652, celle des États-Généraux. Tout cela n'était que prétexte. Si l'on peut admettre cette proposition de M. Moreau, l'auteur de la *Bibliographie des Mazarinades,* que « rien ne ressemblait moins à la Ligue que la Fronde, » il paraît facile de prouver que l'époque où reprennent les assemblées de la noblesse s'en rapproche beaucoup.

Qui ne voit dans ces assemblées, dans le titre d'*Union* qu'elles prennent, dans le but qu'elles poursuivent : la confédération des bailliages, dans le mot d'ordre et l'appui qu'elles vont demander à l'étranger, dans le langage même, si respectueux en apparence pour le roi, de ces gentilshommes qui semblent se presser autour du trône pour le défendre contre ses pires ennemis ; qui ne voit surgir une nouvelle Ligue, mais une Ligue qui ne peut invoquer ni les entraînements ni les excuses de sa devancière, et qui, après s'être constituée de même, grâce à la tolérance ou à la faiblesse d'un pouvoir chancelant, va bientôt entrer de plein pied dans la révolte contre un jeune roi que Mazarin et Colbert suffiront, du reste, à défendre ?

Mazarin, comme tous les grands politiques, savait pardonner à un ennemi abattu ; au contraire, il conservait un souvenir amer pour les offenses d'un adversaire encore debout. Après moins de six ans, il les retrouvait tous devant lui, non plus à la tête de leurs troupes et prêts à tenter au grand jour la fortune des armes, mais rassemblant en de secrètes conspirations les gentilshommes mécontents et poussant à la révolte les paysans affolés par la ruine et la faim. Les vieux frondeurs exilés de France ou confinés dans le fond de leur province, Condé, Retz, Harcourt, Longueville, levaient encore la tête.

Il reste maintenant à voir avec quelle habileté, quel zèle, trop ardent peut-être, Le Tellier et Colbert conduisirent une affaire qui tenait particulièrement au cœur du premier ministre. Le cardinal, d'ailleurs, ne leur en abandonne pas la direction absolue, tout éloigné qu'il soit de Paris et fort absorbé par la conclusion du traité des Pyrénées.

En 1658, les assemblées de la noblesse refleurissent comme aux jours les plus agités de la Fronde. La cour, cette fois, se montra moins patiente, parce qu'elle se sentait plus forte. Le 23 juin de cette même année, le conseil rendit un arrêt portant défense de faire aucune assemblée, sans permission du roi, sous peine de la vie, avec ordre aux gouverneurs de les dissiper par la force, d'arrêter et de saisir tous ceux qui seraient porteurs de députations, lettres-circulaires, articles, mémoires et autres actes tendant à favoriser ces assemblées (1).

Cet arrêt doit avoir pour résultats : de mettre fin aux assemblées de la noblesse en faisant disparaître leur caractère pacifique et quasi-légal ; d'en détacher par la crainte un grand nombre d'adhérents ; de déclarer en état de rébellion les gentilshommes qui tenteraient de persévérer ; de légitimer enfin, contre ceux qui seraient arrêtés, l'emploi d'une juridiction exceptionnelle compo-

(1) *Recueil général des anciennes lois françaises*, t. XVII.

sée de magistrats à l'abri de toute influence favorable aux conspirateurs.

Malgré les rigueurs que l'arrêt du conseil présageait à ces gentilshommes, leurs assemblées continuèrent ; mais elles furent tenues plus secrètes. Ils prétendaient avoir l'union signée avec la noblesse de quatorze provinces (1).

Colbert, mis au courant par d'habiles émissaires, instruisit Mazarin de ces faits et lui donna, dès le début, deux excellents conseils : empêcher, par la punition de quelques coupables, que cette union ne gagnât toutes les provinces du royaume ; et mettre dans les généralités suspectes de bons intendants qui y résidassent toujours (2).

La suite de cette affaire prouve, jusqu'à l'évidence, que Mazarin n'eut qu'à se féliciter d'avoir suivi les avis de son protégé.

La généralité d'Orléans (3) était classée parmi les *suspectes*; on y envoya comme intendant, vers le 6 octobre,

(1) Colbert à Mazarin, 8 août 1658. *Lettres, Instructions et Mémoires de Colbert*, publiés par M. Pierre Clément, I, 3.8. Au moment de mettre à contribution ce magnifique ouvrage, nous devons dire que si M. Champollion-Figeac a publié (t. II, *Documents historiques extraits de la Bibliothèque royale*, etc.) quelques-unes des lettres relatives à cette affaire des nobles, M. Clément est certainement le premier qui ait attiré sérieusement l'attention sur cet intéressant épisode de notre histoire. Il l'a éclairé de notes excellentes, et ses informations sont précieuses pour ce qui concerne le rôle de Colbert. Nous sommes heureux de les augmenter en mettant au jour des documents analogues extraits des correspondances de Séguier et de Le Tellier, notamment neuf nouvelles lettres de Pommereu qui, ajoutées aux cinq que M. Clément a données, complètent, pensons-nous, le dossier du président du grand Conseil chargé de diriger les débats du procès des nobles.

(2) *Lettres de Colbert*, I, p. 307, 308, 358.
(3) Établie en 1577 — Les intendants furent créés en 1635, révoqués en 1648, et rétablis en 1653 avec des pouvoirs très-étendus, sous le titre d'intendants de justice, police et finances.

M. de Fortia, un homme éprouvé (1). ' q' .ait le Poitou, une des provinces soulevées par la n..b se, comme la Normandie et l'Anjou, et y avait déjà combattu plusieurs séditions.

Depuis la lettre de Colbert, du 8 août 1658, jusqu'au 7 juillet 1659, on n'a aucun renseignement sur les assemblées de la noblesse; mais, dès ce moment, l'affaire entre dans une période d'action qui ne se ralentira plus. Elle devait être déférée de plein droit au Parlement, mais on avait mille bonnes raisons de soupçonner la partialité d'un corps aussi remuant, d'autant plus que les conjurés se vantaient d'être appuyés par les Parlements de France, et surtout par ceux de Dijon, Rouen et Paris. On en donna donc la connaissance au grand Conseil, qui avait pour président M. de Pommereu, sieur de la Bretesche, maître des requêtes, homme dévoué à Le Tellier et à Mazarin. Le grand Conseil décréta de prise de corps un certain nombre de gentilshommes des plus compromis, dont le cardinal lui-même avait dressé la liste. Plusieurs avaient pris la fuite, mais on décida que leurs maisons seraient occupées militairement.

A la date du 7 juillet 1659, Le Tellier écrit au cardinal (2) : « On a eu des nouvelles de M. d'Orthie, capitaine aux gardes, de Marchenoir, en Vendômois, qui portent qu'on a mis les gens du prévost des mareschaulx du Perche en possession des maisons de tous les gentilshommes contre lesquels le grand Conseil a décrété. » M. de Pommereu, consulté sur le séjour des troupes, répondit que l'infanterie pouvait quitter après cinq ou six jours, mais que les cinquante hommes du régiment de

(1) *Lettres de Colbert*, I, 314. — M. de Fortia n'entra cependant à Orléans que le 5 novembre.
(2) De Fontainebleau, ms. fr. 6895, f° 41.

cavalerie de Couldray-Montdésir devaient demeurer aux
environs de Marchenoir encore quinze jours, sauf à faire
une course vers Montargis pour arrêter un de ceux qui
avaient signé l'union. Les ordres furent expédiés en conséquence.

Cette pointe du côté de Montargis était doublement
utile. Il se tenait aux environs de cette ville des assemblées d'ecclésiastiques n'exerçant pas le ministère dans le
diocèse, auxquels l'archevêque de Sens, Louis-Henri de
Gondrin, réunissait une fois par mois les curés de la
contrée. « Le procureur du roy à Montargis a assuré
que celuy qui présidoit estoit un nommé Cordon, docteur
en Sorbonne, qui a esté chassé à Saint-Médéricq parce
qu'il suivoit la nouvelle doctrine; et qui a esté reconnu
par M. le chancelier, lorsqu'il a assisté aux délibérations
de la Sorbonne sur la lettre de M. Arnault, pour ung
janséniste fort emporté (1). »

Des représentations furent envoyées de la part du roi à
l'archevêque de Sens, et on l'engagea à mettre plus de
prudence dans le choix des personnes chargées de présider aux assemblées religieuses, lesquelles ne devaient être
composées que de curés du diocèse.

Malgré les garnisons envoyées dans le Vendômois, ou
peut-être à cause de ce commencement d'exécution, le
cardinal craignait une dernière tentative des frondeurs :
« Il ne serait pas impossible, écrit-il à Le Tellier, que
Condé n'ayant pas obtenu tout ce qu'il voulait par le traité
de paix (2), prît, de concert avec le cardinal de Retz,

(1) Le Tellier à Mazarin, Fontainebleau, 13 juillet 1659, ms. fr.
6895, f° 68. — Ce docteur Cordon avait été fait principal du collège de
Montaigu, mais on avait cassé son élection.

(2) Dans les préliminaires de paix signés le 4 juin, les réclamations en faveur du prince de Condé, qui avaient déjà fait rompre les

— 61 —

l'occasion d'entrer dans le royaume en même temps que
le cardinal, qui est assez téméraire pour cela, entreroit
dans Paris pour tascher de causer quelque grande révolution (1). »

En même temps Mazarin, soit que la vieillesse eût ravivé en lui ce penchant à la superstition inhérent à tout
tempérament italien, soit qu'il voulût effrayer le roi par
la crainte d'un danger, même imaginaire, pour lui arracher quelque mesure violente contre ceux qu'il regardait
comme ses ennemis personnels, Mazarin, disons-nous, mit
sous les yeux du roi une lettre anonyme où l'on révélait
un complot, avec enchantements et pratiques de sortilége,
contre le roi, le duc d'Anjou son frère, et la reine. Voici
les noms des magiciens : Hallé, qui est à Monseigneur le
frère du roi, Chambulan, la Gabardière, la de l'Espine,
le baron de Beausoleil, qui est au Fort-l'Évêque. Le P.
Picoville, capucin de Normandie, qui dit la messe au Saint-
Esprit de Paris, consacra deux hosties, en consomma une
et garda l'autre qu'il partagea à la maison en six parts;
il en donna une à chacun des trois crapauds qu'il avait
baptisés sous les noms de Louis, Philippe et Anne, et
qu'il portait sur lui quand il célébrait la messe. Les trois
autres morceaux devaient être glissés dans les vêtements
du roi, de la reine et du duc d'Anjou. Si cela ne réussit
pas, le P. Picoville doit faire des images de cire (2). On se
croirait revenu aux jours les plus sombres du moyen

négociations, furent abandonnées, conformément aux désirs de la
France. Elles devaient être reprises lors de la discussion du traité des
Pyrénées. — En ce qui concerne le projet de pénétrer en France et
d'aller jusqu'à Paris, Condé l'avait du moins proposé en 1657. (*Hist.
de Condé*, par DÉSORMEAUX, IV, p. 106.)

(1) Le cardinal à Le Tellier; Cadillac, 16 juillet 1659, ms. fr. 6895,
fo 79.

(2) Ms. fr. 6895, fo 160.

âge, aux temps où l'imagination populaire croyait aux
envoûtements comme à un article de foi. Du reste, il ne
semble pas qu'on ait donné suite à cette affaire.

Il n'en était pas ainsi pour celle des nobles. Suivant
une lettre de M. de Pommereu (1), le prévôt du Perche
venait d'enlever trois pièces de canon de la maison du sieur
de Peray (2), et y aurait établi une garnison sans la résistance acharnée de Madame de Peray. Elle objectait qu'il n'y
avait pas d'ordres à cet égard, et soutint si bien ses droits
que le prévôt et son greffier purent seuls, et après avoir longtemps parlementé, traverser les ponts-levis du château.

Cette femme héroïque s'appelait Catherine de Courcillon. Elle était fille de Louis de Courcillon, seigneur de
Dangeau (3), qui lui-même avait épousé la petite-fille de
du Plessis-Mornay, et sœur de l'auteur du *Journal de la
Cour de Louis XIV*. Elle était donc cousine de Bonnesson et professait, comme lui, la religion protestante. Elle se
maria avec Jean Guichard, seigneur de Peray et de Renay,
qui avait signé, en 1650, la requête des gentilshommes de
Beauce. Il était poursuivi comme ayant assisté aux assemblées secrètes et négocié avec le prince de Tarente (4).

Madame de Peray ne fut pas seule à résister à la maréchaussée. Lézanville se défendit aussi, dans sa maison de

(1) A Le Tellier, Paris, 27 juillet 1650, ms. fr. 6895, 140. Pièce
justificative VI.
(2) Le Peray est un vieux château, converti en ferme, dans la commune
de ce nom, canton de Selommes, arrondissement de Vendôme (Loir-
et-Cher). Hervé et Geuffroy de Peray sont déjà seigneurs de ce lieu
au XIVe siècle. En 1477, Guion Peigné, seigneur de Peray, fut compris dans l'abolition accordée à Jean de Bourbon, comte de Vendôme,
et à ses gens, pour avoir pris parti contre Louis XI pendant la guerre
du bien public en 1465.
(3) Canton de Brou, arrondissement de Châteaudun (Eure-et-Loir).
(4) Pièce justificative XVI.

Clesle (1), le 25 juin, contre le prévôt du Perche, qui venait l'arrêter. Il fut secouru par Courbouzon, frère de Vieuvy (2), qui était accouru à cheval. Dans la lutte, deux archers furent tués.

Cependant le cardinal avait quitté Paris pour continuer les négociations avec l'Espagne. Il laissait l'affaire des nobles en bonnes mains, celles de Colbert, de Le Tellier et de Pommereu, qui se tiennent tout le temps en communication avec lui et ne décident rien sans prendre ses ordres.

Parti le 22 juin, Mazarin arrive le 29 à Cléry. Le maire d'Orléans, trois échevins et le concierge de l'hôtel commun, accompagnés du capitaine et de deux archers de la cinquantaine, s'y rendent pour complimenter le cardinal et lui présenter les fruits de la ville (3).

Ils lui exprimèrent sans doute leurs regrets de ce qu'il n'eût point honoré la ville d'Orléans de sa présence, car on avait fait quelques préparatifs : des guirlandes de lierre avaient été disposées « dans l'espérance du passage du cardinal (4); » Gaucher avait peint un écusson aux armes de l'Éminence et *rafraîchi* celles du roi et de la ville. Les circonstances et les esprits avaient donc bien changé depuis sept ans.

Le cardinal dut sourire en se rappelant que les bourgeois d'Orléans, réunis par deux fois en assemblée générale, au mois de mars 1652, avaient décidé, par deux fois aussi, que le maire Boillève, un échevin et un

(1) Clesle, commune de Saint-Léonard, canton de Marchenoir, arrondissement de Blois (Loir-et-Cher).
(2) *Lettres de Colbert*, I, Appendice, 512. — Vieuvy, actuellement Viévy-le-Rayé, commune du canton d'Ouzouer-le-Marché, arrondissement de Blois (Loir-et-Cher).
3) Archives municipales d'Orléans, compte de François Regnard : entrées et passages.
(4) *Id.*

député des habitants de la ville se rendraient à la cour et
y solliciteraient une audience de Sa Majesté, « affin de
l'asseurer des obéissances, fidellitez et affections desdits
habitans au service de Sa Majesté, qui sera très-humblement suppliée au nom et de la part desdits habitants de
considérer et avoir esgard aux termes portez par les lettres de Son Altesse, qui sont que Leurs Majestés seront
receues en ladite ville avecq tous les honneurs et soubz-
missions qui leur sont deues, s'il leur plaist d'avoir
agréable que Monsieur le cardinal Mazarin ne les y ac-
compagne pas (1). »

Actuellement la Fronde était vaincue ; Mazarin, plus puis-
sant que jamais, partait dans le but d'assurer la paix et le
mariage du roi. Le souvenir des injures passées le détourna
pourtant d'Orléans ; les échevins durent s'incliner devant
sa volonté et s'estimer heureux d'être admis à le saluer,
non pas aux portes de leur ville, mais à cinq lieues au-delà.

Le cardinal rencontra le duc d'Orléans à Chambord (2).

---

(1) Archives municipales d'Orléans, actes d'assemblées générales
de la ville, 1594-1788, BB 3.

(2) Nous avons vû, dans un journal,
Que Monseigneur le Cardinal,
Digne d'un haut rang dans l'histoire,
Côtoyant le fleuve de Loire,
Lundy, se rendit à Chambord,
Où ce grand Ministre, d'abord,
Rencontra l'Altesse royale,
Qui, d'une façon cordiale,
Le reçut et le caressa,
Et, le lendemain, il passa
Dans Blois, où ladite Éminence
Alla faire la révérence
A la Duchesse d'Orléans.
. . . .

(*La Muze historique* de Loret, juillet 1659, ed. Daffis, t. III, p. 74.)

Gaston venait y plaider la cause de deux gentilshommes de la province, MM. d'Aupuy (1) et de Rochambeau (2), compromis dans les assemblées, et, à ce titre, décrétés de prise de corps et contumaces. Mazarin, désireux d'être agréable au duc qui reprenait depuis trois ans le chemin de la cour et venait de rentrer en grâce, demanda quelques renseignements à Le Tellier sur le rôle de ces gentilshommes (3). Le Tellier écrivit à de Pommereu, en lui faisant part des intentions bienveillantes du cardinal (4), et le président du grand Conseil lui répondit que MM. d'Aupuy et de Rochambeau n'étant pas des principaux factieux, il agirait conformément aux intentions de Son Éminence et aux ordres de Le Tellier, et arrêterait la continuation des poursuites et l'instruction de leur contumace (5). Gaston fit adresser par son secrétaire Goulas une lettre de remercîments à Le Tellier (6).

Un mois plus tard, la cour prenait la même route que Mazarin, Partie de Fontainebleau, elle arrivait à Pithiviers le 28 juillet. Six membres du conseil de ville d'Orléans et le concierge y vinrent en carrosse avec le capitaine Rigault et sept cinquanteniers, et présentèrent à Leurs Majestés le cotignac traditionnel et des confitures sèches (7). Le roi passa la nuit à Pithiviers.

(1) Commune d'Ouzouer-le-Marché, arrondissement de Blois (Loiret-Cher).

(2) Commune de Thoré, canton et arrondissement de Vendôme (Loir-et-Cher). René de Vimeur, chevalier, sieur de Rochambeau, avait signé la requête présentée en 1650 par les gentilshommes de Beauce.

(3) Mazarin à Le Tellier, Saint-Jean-de-Luz, 6 septembre 1659, ms. 6896, fo 36. Bibl. nat.

(4) Ms. 6896, fo 60.

(5) Ms. 6896, fo 106. Pièce justificative XI.

(6) Ms. 6896, fo 196.

(7) Archives municipales d'Orléans, compte de Fr. Regnard.

5

Le samedi 29 juillet, la cour, après s'être arrêtée pour collationner à l'abbaye de la Cour-Dieu, se rendit à Jargeau. Le roi fut reçu à la porte du pont par les échevins et conduit au château de l'évêque, où lui fut offert un repas. Puis il tint audience à côté de la reine-mère, à laquelle il désirait qu'on rendît plus d'honneurs qu'à lui-même. MM. de Guénegaud et de Saintot présentèrent les chapitres de Sainte-Croix et de Saint-Aignan et le bureau des finances d'Orléans. Les trésoriers de France se croyaient en droit de saluer debout ; mais, sur les observations des maîtres des cérémonies, ils mirent un genou en terre (1). Ensuite venaient Messieurs du présidial d'Orléans et les députations des autres corps. L'archevêque de Bourges était aussi venu faire sa cour et fut assez mal reçu de la reine (2). Le roi prit gîte ce jour-là au château de la Queuvre. Le lendemain il fut reçu solennellement dans l'église de Jargeau, où il entendit la messe, puis il partit immédiatement pour Cléry (3).

Louis XIV avait voulu remercier Jargeau de sa fidélité à l'époque de la Fronde ; mais, épousant la rancune de son premier ministre, il se détourna comme lui d'Orléans. Il préféra traverser une partie de la Sologne, pour affirmer peut-être la pacification définitive de cette contrée.

Le duc d'Orléans vint saluer son royal neveu à Saint-Laurent-des-Eaux (4) et le reçut somptueusement à Cham-

(1) Archives départementales du Loiret, Intendance : Pappier des résolutions extraordinaires prises dans ce bureau (des finances) commençant au mois de décembre 1655.
(2) Bibl. nat. ms. fr. 6895, fo 232. Le Tellier à Mazarin.
(3) Ms. 6895, fo 152.
(4) Ms. 6895, fo 172.

bord (1) et à Blois (2). Il lui offrit le 1er août, dans cette ville, un dîner pour lequel il fit prier qu'on lui envoyât d'Orléans les plus beaux fruits nouveaux. L'échevin Hu-rault et le capitaine de la cinquantaine lui portèrent, au nom de la ville, douze paniers remplis de citrons, d'o-ranges, de poires, de raisins et de prunes, sans oublier les melons et les asperges (3).

Gaston profita du passage royal pour obtenir le trans-fert, des prisons de Blois dans celles de Saumur, d'une fille qui avait été arrêtée l'année précédente pendant les mouvements de la Sologne (4).

Nous n'avons pas à suivre le cardinal ni le roi dans leur route; mais, à cette occasion, nous emprunterons encore un trait à la correspondance de Le Tellier. Le 26 juillet, veille du départ de la cour, on avait envoyé aux villes du royaume une dépêche leur demandant de l'argent pour subvenir aux dépenses du voyage, aux frais

(1) Le Roy, qui volontiers embrasse
    Le noble plaizir de la chasse,
    Dans le parc s'en alla soudain ;
    Il n'y tua ny cerf, ni daim,
    Mais de perdreaux quinze ou seize
    Et des phaisandeaux plus de treize.
    Enfin, il se divertit fort
    Dans iceluy parc de Chambort,
    Beau parc, où tout gibier abonde,
    Et l'un des plus plaizans du monde.

(*La Muze historique* de Loret, août 1659, éd. Daffis, t. III, p. 87.)

(2) Mademoiselle de Montpensier a donné un piquant récit de cette réception dans ses *Mémoires* (V. p. 20). Chapelle et Bachau-mont sont plus louangeurs qu'elle pour la table de Gaston d'Orléans et pour les dames de la ville de Blois. (*Collection de petits classiques français* de Ch. NODIER, p. XIV et XV.)

(3) Archives municipales d'Orléans, compte de Fr. Regnard.

(4) Bibl. nat. ms. fr. 6895, fos 236 et 293, deux lettres de Mascranny à Le Tellier.

du traité de paix et du mariage avec l'infante (1). Le procureur général Fouquet transmit aux intendants un état des sommes auxquelles les villes étaient imposées : « Elles sont, je cite ses propres termes, un peu plus fortes que ce que l'on peut espérer ; mais il vaut mieux se relascher que d'adjouster à ce que l'on auroit fait entendre (2). »

Orléans était taxé à 100,000 livres. L'annonce de cet impôt, appelé *don gratuit* (par antiphrase sans doute), fut assez mal accueillie à Orléans. La populace des ports insulta le sergent royal chargé de poser les affiches, et vomit des injures contre les échevins qui augmentaient les droits d'octroi sur diverses denrées, afin d'arriver au paiement de l'impôt (3). Deux échevins, les sieurs de Cottinville et Gaudeffroy, allèrent à Blois « faire des remontrances à Son Altesse Royale sur la demande de 100,000 livres de don gratuit (4). »

Gaston obtint un rabais à 70,000 livres d'abord, puis à 50,000 ; mais c'était trop encore pour une ville à bout de ressources. M. de Fortia, intendant de la province, stimula le zèle des maire, receveur et échevins en logeant dans leurs maisons, en qualité de garnisaires, les exempts et archers de la maréchaussée (5). Ce procédé violent eut un plein succès. Grâce aux contributions des particuliers et aux reliquats des recettes précédentes, on compléta la somme, qui fut portée à Paris par l'évêque d'Orléans et deux échevins (6).

(1) Ms. 6895, f° 126,
(2) Ms. 6895, f° 241.
(3) Archives municipales. Pièces justificatives des comptes de Fr. Regnard. Huissiers.
(4) *Id.* Voyages.
(5) Compte de Fr. Regnard, mandement intitulé : *Don gratuit.*
(6) Pièces justificatives de comptes. Voyages.

Le duc d'Orléans ne manqua pas d'informer Le Tellier, « son bien bon amy, » du résultat de cette affaire. Voici le commencement de sa lettre, qui est un parfait modèle de ce langage de cour, si propre à dissimuler les choses sous un air de sincérité, et à tout présenter d'une manière agréable :

« Monsieur Le Tellier, j'ai reçu une lettre du roy, monseigneur et nepveu, par laquelle il me commande de m'employer à ce que la ville d'Orléans se conforme à l'exemple de celle de Paris dans la présente occasion de son mariage, et je vous fais ces lignes pour vous prier de dire à Sa Majesté et d'escripre à Monsieur le cardinal que ladite ville s'y est portée [d'elle-mesme avec tant de zèle et d'affection, qu'elle a accordé la somme de cinquante mille livres tournois sans attendre que je l'en sollicitasse. Les eschevins me sont venu tesmoigner leur regret de ce que ladite ville ne pouvoit faire un plus grand effort à cause qu'elle est fort endebtée, et que mesmes elle aura assez de peine à fournir cette somme-là; mais comme elle est à proportion plus considérable que celle qu'a donnée la ville de Paris, je vous prie de faire valoir près de Sa Majesté cet effect de son obéissance et de la passion que ladite ville a pour le service de Sa Majesté (1)... »

Le Tellier ne fut pas dupe de l'artifice; et, dans une réponse où il témoigne à Goulas combien Sa Majesté est satisfaite de la résolution prise par la ville d'Orléans de lui donner 50,000 livres, il ajoute finement : « Mais. Elle n'a pu se persuader que Son Altesse Royale y eût aussy peu contribué que sa modestie aura voullu le faire croire (2). »

(1) Bibliothèque nationale, ms. fr. 6,896 (Le Tellier 17), fo 76.
(2) Ms. fr. 6896, fo 138.

III

Procès de Créquy, Dannery et Moulin-Chapel.

Au cours de son voyage, Mazarin apprenait enfin les détails du complot, le nom et le rôle des principaux acteurs (1). La direction suprême part de Bruxelles, où se rencontrent plusieurs fois le prince de Condé, le marquis de Caracène, ancien gouverneur du Milanais, et le cardinal de Retz, le plus ardent de tous. Comme autrefois, ce dernier emploie, comme agent secret en France, Dannery, que l'on vit figurer avec le titre de secrétaire dans les assemblées de la noblesse, notamment à La Roche-Guyon et à Dreux, en 1652. En même temps Croissy-Fouquet se tient en rapports avec le prince de Condé par l'entremise de Marigny.

En France, le chef du mouvement est le comte d'Harcourt, qui correspond avec Bruxelles par l'intermédiaire de Laubarderie et de Bonnesson. Nous retrouvons ici Gabriel de Jaucourt, seigneur de Basfour, à Viglain, près de Sully-sur-Loire, seigneur aussi de Bonnesson et de Changy, que nous avons vu, dans la deuxième partie de ce travail, à la tête de l'insurrection des sabotiers de Sologne. Comme tous les personnages dont nous analysons les lettres ne l'appellent que Bonnesson, nous lui laisserons désormais ce nom. Le comte d'Harcourt transmet donc le mot d'ordre à l'Union de la noblesse, composée de gentilshommes des provinces de Normandie, Poitou, Bourgogne, Nivernais, Touraine, Orléanais, An-

(1) Mazarin à Le Tellier, Saint-Jean-de-Luz, 9 août 1659, ms. fr. 6895, f° 184.

jou, Vexin, Picardie, haute et basse Marche, Bourbonnais et Limousin. Ils cherchent à soulever les
autres provinces et se tiennent prêts à monter à cheval
au premier signal. Ils se prétendent appuyés par plusieurs membres des Parlements de Paris et de Rouen,
et par celui de Dijon, tout entier à la discrétion du
prince de Condé. On pensait qu'ils voulaient profiter
de l'absence du roi pour mettre leurs projets à exécution (1).

Mais la fortune penchait désormais du côté du cardinal. Pendant qu'il ordonnait l'arrestation de Bonnesson et
de Laubarderie pour connaître tous les projets de la cabale et le nom de ceux qui avaient signé l'Union, des
renseignements inespérés lui étaient communiqués par
l'un des principaux conspirateurs. Le sieur de Neuvy (2),
député de la noblesse du Dunois et du pays chartrain aux
assemblées séditieuses, c'est-à-dire postérieures à l'arrêt
du 23 juin 1658, n'avait pas été l'un des derniers à signer l'Union. Tant qu'il s'agit seulement de faire des
remontrances au roi pour soutenir les intérêts de la noblesse et sauvegarder ses priviléges, Neuvy se montra
parmi les plus hardis ; mais lorsqu'il s'aperçut que l'affaire, secrètement dérivée de son but primitif, ne tendait
à rien moins qu'à combattre le service du roi, lorsqu'il
vit qu'on députait à Bruxelles des gentilshommes chargés
de traiter avec d'anciens agitateurs que la cour mainte-
nait en exil, sa loyauté se révolta et ne voulut point tremper dans le crime. Il envoya chercher à Saint-Venant un
officier du régiment de la Fère, qui était de ses amis et

(1) Mazarin à Le Tellier, Saint-Jean-de-Luz, 9 août 1659, ms. fr.
6895, f° 184. Pièce justificative VII.
(2) Neuvy-en-Dunois, canton de Bonneval, arrondissement de Châteaudun (Eure-et-Loir).

des plus dévoués serviteurs de Mazarin, lui confia tout ce qu'il savait et le pria d'en informer le cardinal.

La communication était des plus importantes. De Saint-Jean-de-Luz, Mazarin envoya l'officier de son régiment de la Fère à Melle, où se trouvaient le roi et Le Tellier, Il engageait vivement ce dernier à prolonger le voyage de l'officier jusqu'à Paris, auprès de Colbert. Celui-ci pourrait, à cette occasion, et si le roi le jugeait convenable, avoir une conférence avec le procureur général Fouquet et Pommereu.

Mazarin trouvait que cette affaire durait trop longtemps et voulait, frappant un grand coup, faire un exemple pour asseoir l'autorité royale, en même temps qu'il arrêterait toutes les cabales de la noblesse. Il jugeait les choses de loin et de haut. Le Tellier partageait son avis (1). Colbert, plus rapproché des événements, inquiété par les rapports qui lui arrivaient de tous côtés et qui grossissaient comme toujours le danger, penchait plutôt pour envoyer des troupes en Normandie. Il abandonnait ainsi l'avis qu'il avait donné lui-même au cardinal, et ne se dissimulait pas que cette manifestation militaire pourrait nuire à la prise des conjurés; mais il y trouvait un moindre mal que de voir surgir tout d'un coup quelque grande assemblée de la noblesse de cinq ou six provinces (2).

Il y avait donc un désaccord apparent entre le premier ministre et son intendant; cependant les dénonciations de Neuvy semblaient donner raison au premier. Un autre fait montra la voie qu'il convenait d'adopter définitive-

(1) Le Tellier à Mazarin (minute), Bordeaux, 23 août 1655, ms. fr. 6895, f° 281.

(2) Colbert à Mazarin, Paris, 17 août 1659. *Lettres de Colbert*, I, 356.

ment. C'est l'arrestation d'Avrain dès les premiers jours d'août.

Henry Avrain (1) était un notaire du Perche (la localité n'est pas connue) qui avait pris une part active aux assemblées de la noblesse. Il en avait rédigé les procès-verbaux ; il avait aussi fourni les procurations des députés et tous les actes concernant cette affaire. Pommereu le fit conduire à la Bastille. Il pensait, avec raison, savoir par ce notaire le nom des gentilshommes les plus coupables de chaque province, et trouver de nouvelles charges contre Créqui-Berneville et Dannery, dont le procès par contumace s'instruisait au grand Conseil et était sur le point d'être jugé (2). Cette prise du notaire Avrain et les dépositions de plusieurs gentilshommes assez compromis, et qu'on fit parler en leur promettant l'impunité, décidèrent du succès.

Pommereu ne perdit point de temps. Il fit occuper par des hommes du régiment de Rambures les maisons de Dannery, Escorpin (3) et Annery (4), ainsi que Cléry (5) et le Champ-de-Bataille (6) qui appartenaient à Créqui. Il enleva, au contraire, la garnison de des Sablonnières (7), qui s'engageait à dénoncer les desseins de Dannery. Douze maisons étaient ainsi occupées militairement. D'autre part, trente-cinq gentilshommes étaient décrétés de prise de

(1) Ce nom est encore écrit dans les dépêches et correspondances : Orrain ou Ortain.

(2) Ms. fr. 6895, f° 172. Le Tellier à Mazarin, Poitiers, 6 août 1659.

(3) Près de Dreux. Escorpain, ancienne possession des chevaliers de Malte, appartient aujourd'hui à M. Alfred Firmin-Didot.

(4) Près de Pontoise.

(5) Auprès de Péronne.

(6) En Normandie.

(7) Les Sablonnières, commune de Dampierre-sous-Brou, arrondissement de Châteaudun (Eure-et-Loir?).

corps. Huit ou dix seulement étaient Normands; les autres
appartenaient au Perche, au Dunois, au Vendômois et à
la Sologne. Ces arrestations étaient plus faciles à décréter
qu'à exécuter. Plusieurs des gentilshommes menacés
avaient pris la fuite, et ceux qui restaient trouvaient
mille moyens de se dérober aux poursuites. En certaines contrées même on parlait de résistance à main
armée : « Un gentilhomme est venu dire au lieutenant-
général d'Évreux (1) que s'il retournoit en basse Normandie exéquter quelqu'ordre du roy contre aucun du pays,
qu'il l'advertissoit en amy que douze cents chevaux luy
tomberoient sur les bras et que, asseurément, il seroit
chargé (2). »

Cependant le procès contre Créqui, Dannery et Moulin-
Chapel s'instruisait et était bientôt en état d'être jugé.
Pour obtenir ce jugement de la fermeté du grand Conseil,
il parut utile que le chancelier Séguier assistât au déli-
béré. Cela résulte d'une lettre de Le Tellier : « Il serait
à propos que M. le chancelier assistast au grand Conseil
lorsque le jugement s'y fera, pour appuyer par sa présence et son autorité l'exécution de la déclaration du roy
vérifiée audit grand Conseil, qui porte qu'en cas que Créqui-Berneville, Dannery et les autres, exceptez par ladite
déclaration, ne se rendent pas ès-prisons de Fort-Levesque
dans le temps qui y est marqué, leur procès sera fait et
parfait, leurs maisons razées, leurs bois abattus à haulteur d'homme, à quoy peut-estre les juges ne se porte-
roient pas s'ils n'estoient veillez par une personne de la
qualité de M. le chancelier. Cette ouverture me paroist

(1) Il s'appelait M. de Chambines. V. pièce justificative X.
(2) Pommereu à Le Tellier, 16 août 1659. Ms. fr. 6895, f° 243. Pièce
justificative VIII.

fort bonne ; et, pour cet effect, il faudroit luy escrire une
lettre du roy, laquelle je tiendray toute preste à luy estre
envoyée si, par le retour de ce courrier, Votre Éminence
tesmoigne l'approuver (1). »

Le cardinal partagea le sentiment du ministre de la
guerre et lui répondit : « Je croy tout à fait nécessaire
que le roy escrive à M. le chancelier d'assister au grand
Conseil lorsqu'on jugera Créqui-Berneville et Dannery.
C'est pourquoy je vous prie d'en escrire sans perte de
temps, adressant la lettre au sieur Colbert, qui prendra
soin de la rendre à M. le chancelier (2). »

On surveillait en même temps le comte d'Harcourt et,
en cas de troubles, on réservait un ordre royal lui
enjoignant de venir rejoindre la cour à Bordeaux (3).
Il fut encore question d'envoyer une lettre assez sèche
du roi à M. de Longueville, lui reprochant d'entraver
les arrestations décrétées par la justice, bien loin d'y
prêter son assistance. Ce personnage avait même écrit
au lieutenant-général d'Évreux une pièce assez compro-
mettante (4), où il émettait la prétention qu'on lui com-
muniquât tout ce qui se faisait, et qu'on n'envoyât pas de
troupes dans son gouvernement sans sa participation et
sans son attache (5).

M. de Pommereu se désolait de voir que tout ce qu'il

(1) Le Tellier à Mazarin, du 23 août 1659, à Bordeaux. Ms. fr. 6895,
fo 281.
(2) Mazarin à Le Tellier, Saint-Jean-de-Luz, 25 août 1659. Ms. fr.
6895, fo 296. La lettre de Le Tellier à Colbert et celle du roi au
chancelier sont aux fos 306 et 307.
(3) Colbert à Le Tellier, 7 septembre 1659. Pièce justificative IX.
Cf. ms. fr. 6895, fos 260, 300 et 304. Lettre du comte d'Harcourt an-
nonçant son départ pour Bordeaux, 6896, fos 4 et 7.
(4) Pièce justificative X.
(5) *Lettres de Colbert*, I, 376.

tentait en Normandie était contrarié par cette haute influence et ne produisait aucun effet (1). Il était plus heureux dans les autres provinces et venait de découvrir les
noms des députés du Poitou : Saint-Philbert et Leschasserie, et des députés de Touraine : les sieurs de Thiennes
et de Bourguison.

Grâce aux efforts combinés de Pommereu et de Colbert,
l'affaire était en état de se terminer. Il faut rendre justice à leur zèle et à leur persévérance ; mais on retrouve
trop souvent, dans leurs lettres, le désir de plaire uniquement au tout-puissant cardinal ; de s'en faire bien venir en
travaillant à sa vengeance particulière, autant et plus
peut-être, en cette occasion, qu'au profit de l'État ; et
d'en obtenir de magnifiques récompenses. L'exemple était
parti de haut, puisque Mazarin fit une énorme fortune au
milieu de la ruine générale. A son service, ils apprirent
à subordonner le bien public à leur propre avantage, et
laissèrent parler la voix de l'ambition plus haut que celle
d'un noble désintéressement.

Après les interrogatoires de Gilles Lhermitte, sieur de
Saint-Denis ; Henry Avrain, notaire ; Charles de Lormeau,
sieur des Sablonnières ; Lancelot Lamiré, sieur du Boille,
le grand Conseil rendit enfin son arrêt le 30 septembre
1659. En voici un extrait : « Le Conseil a déclaré et déclare lesdictz de Crequy-Bernieulle, Dailly, sieur d'Anery,
et de Pomereuil, sieur de Moulin-Chapel, vrays contumax,
deffaillantz et deubment attaintz et convaincus d'avoir assisté aux assemblées de noblesse faictes auparavant et depuis la déclaration du roy du mois de septembre 1658,
faict des unions et associations tendantes à esmotion, sous-

(1) Pommereu à Le Tellier, Paris, 20 septembre 1659. Ms. fr. 6896
(Le Tellier, 17), f° 106. Pièce justificative XI.

lèvement et rébellion contre l'authorité du roy, bien et repos de son estat. Pour réparation de quoy les a ledict Conseil condamnez et condamne d'avoir la teste tranchée sur un eschaffault qui, à cette fin, sera dressé en la place de la Croix-du-Tiroir, sy pris et apprehendez peuvent estre, sinon par figure, en un tableau contenant ladite exécution (1). » En outre, leurs maisons devaient être abattues, démolies et rasées, leurs bois de haute futaie coupés à hauteur d'homme, leurs autres biens confisqués au roi. Des amendes devaient être payées au roi et à l'hôpital de Paris ; d'autres étaient applicables à des œuvres pies.

Colbert transmit aussitôt une expédition du jugement au cardinal, avec quelques réflexions sur l'heureuse issue de l'affaire. Il rapporte que cinq ou six conseillers avaient été d'avis que les coupables devaient être tirés à quatre chevaux (2). Cela lui semblait d'un bon augure pour le procès de Bonnesson.

Créqui, Dannery et Moulin-Chapel s'étant aperçus, par la prise de plusieurs de leurs complices, qu'ils avaient été trahis, se tinrent sur leurs gardes. Jamais ils ne couchaient deux fois de suite au même endroit, et ils ne marchaient que de nuit (3). On avait d'ailleurs résolu de ne plus faire d'assemblées. Aussi, ni la haine de Mazarin, ni l'activité de ses subalternes, ni l'habileté des espions envoyés de tous côtés, ne vinrent à bout de découvrir le secret de leur retraite, pour les livrer au bras du bourreau.

N'ayant pu se saisir des personnes, on se vengea sur

(1) Extrait des registres du grand conseil du roi, ms. fr. 6896. (Le Tellier, *Papiers d'état*, vol. 17), fᵒ 170. Pièce justificative XII.

(2) *Lettres de Colbert*, I, 378.

(3) *Lettres de Colbert*, I, 375.

leurs biens. En conséquence de l'arrêt du grand Conseil, Cuvillier, lieutenant du grand prévôt, reçut de Toulouse, le 23 octobre 1659 (1), l'ordre de faire raser les maisons et abattre les bois de Dannery et de Créqui. L'exécution des arrêts du grand conseil était, en effet, confiée à la prévôté de l'hôtel.

Elle se fit dans toute sa rigueur, mais assez tardivement, car c'est seulement le 20 décembre 1659, huit jours après le supplice de Bonnesson, qu'une lettre de Cuvillier (2), datée de Cléry même, nous apprend qu'il est en train d'en ruiner le château, avec beaucoup de difficulté, et sans recevoir aucune assistance de la population.

La nouvelle du supplice de Bonnesson et le redoublement des efforts tentés pour opérer leur arrestation obligèrent enfin Dannery et Créqui à se retirer en Hollande (3).

IV

Arrestation de Bonnesson.

L'arrêt du 30 septembre 1659, contre les sieurs de Créqui-Berneville, Dannery et de Moulin-Chapel, termine la première phase et la moins importante du procès des nobles. L'homme que poursuivait surtout la haine de Mazarin, à défaut de hauts personnages qu'il ne pouvait ou ne voulait pas atteindre, était Bonnesson.

(1) Ms. fr. 6896, f° 253. — V. aussi la lettre de Pommereu à Le Tellier du 11 octobre 1659. Pièce justificative XIV.
(2) Ms. fr. 17395, f° 312. Pièce justificative XV. V. aussi la pièce justificative XXV.
(3) *Mémoires de Guy-Joly*, Rotterdam, 1777, t. II, p. 203.

Il faut croire que la déposition d'Avrain avait été écra-
sante pour ce gentilhomme, car, dès le 13 août, c'est-à-
dire quelques jours seulement après l'incarcération du
notaire percheron, Le Tellier procurait à Colbert les
ordres nécessaires pour l'arrestation de Bonnesson et de
Laubarderie (1).

L'intendant de Mazarin mit aussitôt ses plus habiles
émissaires en campagne. Le succès ne tarda pas à récom-
penser l'ardeur qu'il apportait à cette affaire, car il y
pensait nuit et jour.

Le 1ᵉʳ septembre 1659 il écrit au cardinal qu'il suit
Bonnesson : « J'espère que nous le pourrons arrester en
cette ville, où le gentilhomme que Vostre Éminence sait
nous dit qu'il est (2). » Il semble bien que ce gentilhomme
qui contribua si puissamment à la prise de Bonnesson
soit le sieur de Neuvy, ainsi qu'on le verra plus loin. Le
même jour ou plus exactement la même nuit, Colbert termine ainsi sa lettre : « J'ay travaillé jusqu'à minuit à donner des ordres et prendre les mesures justes pour arrester
Bonnesson. En signant cette dépesche, à cinq heures du
matin, l'on me donne avis qu'il vient d'estre arresté avec
Laubarderie et Lézanville. J'envoye exprès pour recon-
noistre si l'on ne se trompe point, et je fais arrester le
courrier pour en pouvoir plus seurement donner avis à
Vostre Éminence. Je ressens beaucoup de joye d'avoir
réussy en cela, par la satisfaction que Vostre Éminence
en aura.

« C'est assurément Bonnesson, Laubarderie et Lézanville qui sont pris, et l'on a pris encore un page du roy,
de la Grande Écurie, qui estoit avec eux. On a scellé

(1) Ms. fr. 6895, f° 208. Melle, 13 août 1659 (minute).
(2) *Lettres de Colbert*, I, 364.

toutes leurs cassettes; on verra tous leurs papiers, et on sçaura ce que le page du roy venoit faire. Pour moy, je crois qu'il leur avoit apporté quelque lettre de M. le comte d'Harcourt, et qu'il devoit les accompagner à Royaumont. Je m'en vais demander avis à M. le surintendant et à M. le chancelier sur ce que nous ferons de ce page (1). »

Colbert se loue fort de l'habileté déployée pour cette capture par les sieurs de Grandmaison et Lasnier; mais il ne donne aucun détail sur l'arrestation. On les trouve dans l'interrogatoire inédit de Lézanville, que nous analyserons plus loin (2). Il suffit pour l'instant de dire que Bonnesson était à Paris, où il espérait rencontrer le comte d'Harcourt, afin de lui rendre compte d'une mission confidentielle qu'il venait de remplir auprès du prince de Condé, à Bruxelles. D'Harcourt ne s'étant pas trouvé à Paris, Bonnesson résolut de lui envoyer son neveu, nommé Jaucourt comme lui, et page de la Grande-Écurie, avec une lettre où il demandait un rendez-vous (3). C'est au moment où le jeune page se rendait chez Laubarderie, où se trouvaient déjà Bonnesson et Lézanville, afin d'y prendre un cheval de louage et d'y recevoir ses dernières instructions pour le comte d'Harcourt, qu'ils furent tous saisis et conduits au château de la Bastille.

Le jour même de leur arrestation, Bonnesson et Laubarderie furent interrogés par les commissaires du grand

(1) *Lettres de Colbert*, t. I, p. 365.
(2) Pièce justificative XVIII.
(3) Il est dit ailleurs fils du sieur de Plancy. Hélie de Jaucourt, seigneur de Plancy, frère de Bonnesson, avait trois fils : Louis, François, Hélie. Rien ne vient indiquer, dans les pièces du procès, lequel s'était compromis dans les intrigues de son oncle.

Conseil (1). Ils demandèrent, comme protestants, leur renvoi en la chambre de l'édit du Parlement, et se refusèrent à répondre. Le conseil ordonna qu'on passerait outre, et que le procès leur serait fait et parfait comme à des muets. Ils avaient été amenés, de la Bastille au grand Conseil, avec 300 hommes d'escorte (2).

Cependant Bonnesson, au premier instant, avait laissé échapper quelques paroles donnant à entendre que son emprisonnement était l'affaire de la noblesse et que l'on en entendrait parler. Ce n'était pas une vaine menace. Il résulte, en effet, de la déposition de Samuel de Frouville qu'un nommé Desjardins l'était venu trouver « de la part et avec un billet des sieurs de Créqui et Dannery, qui mandoient à la noblesse qu'ils estoient prests de monter à cheval, si elle en vouloit faire autant, en faveur de Bonnesson et de Lézanville (3). »

Plusieurs gentilshommes normands avaient aussi proposé à Créqui d'enlever le lieutenant-général d'Évreux par manière de représailles ; mais il leur avait persuadé de n'en rien faire ; il estimait sans doute que ces appels à la violence, tentés par un condamné à mort en faveur d'un prisonnier dont l'arrêt n'était pas douteux, ne rencontreraient pas un écho bien retentissant. Il faut penser la même chose du projet de se saisir de Le Tellier ou du surintendant Fouquet, si quelqu'un de la noblesse était arrêté, et des complots contre la vie même du cardinal (4).

(1) *Lettres de Colbert*, I, 366, à Le Tellier, Paris, **2** septembre 1659.

(2) *Lettres choisies de feu M. Guy Patin*, 1692, I, p. 300.

(3) Bibl. nat. ms. fr. 6896, f° 312. Pièce justificative XVII. Cf. Pièce justificative XVIII.

(4) *Lettres de Colbert*, I, 375.

6

Colbert, d'ailleurs, veillait avec soin. Au premier bruit d'une tentative de révolte de la noblesse de Touraine qui menaçait, comme celle' de Normandie, de monter à cheval pour empêcher de périr Bonnesson, Laubarderie et Lézanville, il écrit aux intendants de Berry, d'Orléans, de Tours et d'Alençon, d'observer toutes les démarches de la noblesse, et de faire battre la campagne par les prévôts qui arrêteraient tous les gentilshommes réunis plus de deux ensemble (1). M. de Sourdis, gouverneur et bailli d'Orléans, prit aussi de sages mesures destinées à assurer la tranquillité publique. Il interdisait à tous les gens de guerre l'entrée de son gouvernement, à peine de répondre, chacun en leur propre et privé nom, de tous les désordres qui s'y feraient, et d'être soumis aux peines portées par les lois contre tout perturbateur. Les habitants reçurent défense de les recevoir, à moins qu'ils n'exhibassent l'ordre du roi et l'attache du gouverneur. Si les habitants rencontraient quelque opposition dans l'exécution de l'ordonnance, il leur était permis de sonner le tocsin, de se rassembler à dessein de se saisir des contrevenants, et de les jeter dans les prisons du juge royal le plus prochain (2).

En même temps M. de Fortia, intendant de la généralité d'Orléans, recevait des ordres afin de rechercher soigneusement toutes les preuves qu'il pourrait trouver contre Bonnesson dans le pays des sabotiers (3). Il s'y

---

(1) Colbert à Mazarin, Melun, 13 octobre 1659. Cette lettre a passé en vente publique il y a quelques années.

(2) PATAUD : *Histoire de l'Orléanais depuis Jeanne d'Arc*, ms. 437 de la Bibliothèque d'Orléans.

(3) Une note erronée des *Lettres de Colbert* (l. p. 372) dit que c'est une *localité* située dans la généralité d'Orléans. Nous avons indiqué dans notre second chapitre que cette expression de *sabotiers* est un terme appliqué d'une manière générale aux insurgés des provinces d'Orléanais et de Berry.

employa très-activement et ne tarda pas à réunir un certain nombre de témoins qu'il envoya à Paris, après les
avoir rassurés, afin qu'ils fussent confrontés avec Bonnesson et pussent déposer contre lui (1). L'intendant
d'Orléans annonçait aussi à M. de Pommereu, président
du grand conseil, que les huguenots de Jargeau, comme
ceux de basse-Normandie, avaient ordonné des jeûnes
pour le salut de Lézanville et de Bonnesson. Tous les
deux étaient protestants (2), ce qui nécessita, pour l'instruction, l'adjonction d'un nouveau commissaire à ceux
déjà délégués par le grand conseil.

Le neveu de Bonnesson, fils du baron de Plancy, étant
interrogé par le lieutenant criminel, se troubla dans plusieurs de ses réponses, et demeura convaincu d'avoir servi
d'intermédiaire entre son oncle et le comte d'Harcourt,
auquel il se disposait à porter, à Royaumont, un message
du premier au moment où il fut pris (3). Une petite difficulté se présentait à l'égard de ce jeune homme. Il était
page de la Grande-Écurie et, comme tel, écroué à la Bastille avec la livrée du roi. Colbert, pour la lui enlever,
s'inquiétait de savoir s'il suffirait de la participation d'un
écuyer de la Grande-Écurie ou s'il faudrait recourir,
moyennant un ordre du roi, à d'Harcourt lui-même, titu-
laire de la charge de grand-écuyer de France depuis l'année 1643 (4).

Quant au comte d'Harcourt, il préparait son prochain
départ pour rejoindre la cour. On désirait moins l'y voir
depuis que les arrestations avaient donné à l'affaire des
nobles une tournure plus décisive ; aussi Colbert s'ingé-

(1) *Lettres de Colbert*, I, p. 372, 374.
(2) *Lettres de Colbert*, I, 507. Pommereu à Le Tellier.
(3) Pommereu à Le Tellier, *Lettres de Colbert*, I, 509.
(4) *Lettres de Colbert*, I, 373.

niait-il pour le retenir à Royaumont. Il lui fit savoir que
les solennités du mariage royal exigeraient que tous les
assistants y menassent un certain train, et que, plus tard
on lui ferait remettre de l'argent pour lui permettre d'entretenir un équipage conforme à son rang (2).

Les documents sont muets sur Laubarderie, auquel on
reprochait un voyage à Bruxelles en compagnie de Bonnesson, et aussi d'avoir reçu ce dernier à Paris dans sa
maison, où on les avait capturés ensemble.

En ce qui concerne Lézanville (3), il semble avoir joué
dans cette affaire le rôle d'agent provocateur; et la
preuve, c'est que, parmi les personnes qui demandèrent
sa mise en liberté, l'une de celles qui insista le plus fut
le sieur de Neuvy. On se rappelle que ce personnage
avait fait transmettre au cardinal, par un officier du régiment de la Fère, les premiers renseignements sur les
complots des nobles. Il avait, de plus, contribué à l'arrestation de Bonnesson en mettant la police sur sa piste :
« Il ne s'estoit pour ainsi dire engagé à faire prendre
Bonnesson, dit Colbert, que sur la parole que je luy avois
donnée qu'on relascheroit Lezanville, s'il ne pouvoit venir
à bout de les faire prendre séparément (4). »

Or, Neuvy se disposait à rendre d'autres services; mais
Lézanville lui était nécessaire, affirmait-il, pour découvrir
tout ce qui se passait en Normandie, et il ne désespérait
pas de faire prendre les principaux des meneurs. Colbert
ne répugnait pas à relâcher Lézanville. Il espérait l'amener par cette mesure indulgente, écrit-il au cardinal, à
déposer contre Bonnesson. Mazarin lui répondit : « Pour

(1) *Lettres de Colbert*, I, 372.
(2) Lézanville est le nom d'un hameau, commune du Mée, canton
de Cloyes, arrondissement de Châteaudun (Eure-et-Loir).
(3) *Lettres de Colbert*, I, 386.

moi, je ne serois nullement d'avis de faire sortir Lézanville, à moins qu'on n'en retirast par ce moyen quelque
grand avantage, car assurément ce Lézanville est aussy
coupable que les autres (1). »

Du reste, le cardinal, tout entier à ses négociations
diplomatiques, n'a plus le temps de diriger l'affaire des
nobles jusque dans les derniers détails. Comme il l'a remise en mains sûres, il lui suffit de se tenir au courant
par les correspondances presque quotidiennes qu'on lui
transmet. Il recommande seulement à Colbert de prendre
l'avis de Le Tellier pour les décisions importantes, se réservant d'agir à la cour toutes les fois qu'il le croira
nécessaire.

Colbert jugeait indispensable que le chancelier Séguier,
rendu par l'âge un peu moins actif, tînt une ou deux
fois par semaine conseil chez lui pour arrêter les principales résolutions. Colbert voit tous les jours M. de Pommereu, président du grand Conseil, et lui donne toutes
ses instructions. Deux fois par semaine il correspond avec
les intendants des provinces, leur envoie les décrets de
prise de corps, fait surveiller les passages des rivières,
met les prévôts en campagne et dirige des émissaires partout où il espère saisir les coupables (2). Il se loue particulièrement du zèle de M. de Fortia, intendant de la
généralité d'Orléans, et de M. de Pommereu. Ce dernier
obtient du grand Conseil de nouveaux décrets contre sept
ou huit gentilshommes, notamment contre le marquis de
Chandenier, de la famille de Rochechouart, capitaine des
gardes écossaises en 1642, disgracié et éloigné de la cour
en 1651 (3).

(1) *Lettres de Colbert*, I, 371.
(2) *Id.*, I, p. 377.
(3) Pommereu à Le Tellier, Paris, 5 octobre 1659, ms. fr. 6896,

Nous sommes au commencement du mois d'octobre 1659, au moment où l'arrêt qui vient d'être rendu contre Créqui, Dannery et Moulin-Chapel permet au grand Conseil de se consacrer uniquement au procès de Bonnesson. A cet égard, du reste, l'enquête avance, les témoins abondent ; la lumière se fait chaque jour plus claire. Bientôt elle devient éclatante. Résumons ici une lettre de Colbert qu'il faudrait reproduire tout entière, tant elle présente d'intérêt.

Le sieur de Neuvy part pour la Normandie avec l'espoir de faire saisir Créqui et Dannery ; mais on lui donne quelque temps pour reprendre créance auprès d'eux, attendu qu'il est déjà soupçonné par les nobles d'avoir fait arrêter Bonnesson et Laubarderie. Il devra donc exagérer son zèle pour leur cause. On lui garantit d'ailleurs, par avance, un pardon complet au nom du roi.

D'un autre côté, Lézanville, sur les instances de Neuvy et de son parent, prévôt des marchands, entre dans la voie des aveux. Il révèle tout ce qu'il sait sur Bonnesson. Ses indications coïncident avec celles de Neuvy et précisent même certains détails. Enfin il offre de soutenir toutes ses allégations dans une confrontation avec Bonnesson. Sur cette promesse, Colbert fait signer sa grâce, et ne la lui remettra qu'à la fin du procès, s'il tient tous ses engagements (1).

La déposition de Lézanville dura quatre jours. Bien que la plus importante, elle ne devait pas être la seule. Deux autres gentilshommes se décidèrent aussi à éclairer la justice et acceptèrent d'être confrontés avec Bonnesson. Ils

f° 182. Pièce justificative XIII. Chandenier était neveu de la marquise de Sénecé, gouvernante des enfants de France et première dame d'honneur de la reine.

(1) *Lettres de Colbert*, I, 385.

se nomment : Samuel de Frouville (1), écuyer, sieur de l'Esperonnière, et François de *Tacheret*, seigneur de la Pagerie, gentilhomme du Dunois. Le nom de ce dernier est mal orthographié dans son interrogatoire et dans la lettre par laquelle le président Pommereu l'envoie à Le Tellier (2). C'est évidemment François de Tascher, seigneur de la Pagerie, qu'il faut lire. M. P. Clément, si exact et si ingénieux à la fois, si scrupuleux annotateur, n'a pas relevé cette petite erreur. Nous n'avons pas à rechercher s'il n'y eut pas là quelque omission volontaire ; mais on ne peut se défendre de faire ce rapprochement : que l'impératrice Joséphine descendait de la famille Tascher de la Pagerie, et que, d'autre part, le savant éditeur des *Lettres, Instructions et Mémoires de Colbert* publie, en tête du premier volume, un rapport à l'empereur Napoléon III, d'après les ordres duquel fut imprimé cet ouvrage.

V

Les assemblées secrètes de la noblesse.
(1658-1659.)

En commençant ce chapitre, nous reconnaissons qu'il pourrait suivre le chapitre II. On réunirait, de cette façon, toute la série des assemblées de la noblesse, et le procès de Bonnesson ne subirait pas d'interruption. Nous avons préféré cependant l'ordre actuel, comme plus naturel, puisque c'est précisément l'arrestation de Bonnesson et

(1) Villeneuve-Frouville, canton de Marchenoir (Loir-et-Cher).
(2) La lettre seule est publiée dans la *Correspondance de Colbert*, I, Appendice, p. 508.

les interrogatoires de ses complices qui font connaître les assemblées secrètes de la noblesse.

L'arrêt du conseil, en date du 23 juin 1658, portait défense de faire aucune assemblée de noblesse, sous peine de la vie. Cette prohibition n'arrêta pas le mal; elle empêcha seulement d'en constater les progrès. Ces réunions, désormais séditieuses, ne se tiennent plus au grand jour; mais les conjurés sont avertis du lieu et de l'instant du rendez-vous par des émissaires discrets. On n'imprime plus les procès-verbaux des assemblées pour les distribuer par toute la France; mais on transmet aux principaux intéressés les décisions qui ont été prises, et ils les propagent avec prudence.

Les interrogatoires de Frouville, de Tascher et surtout de Lézanville, dirigés par de Pommereu, président, Charpentier et de Lesseville, conseillers du roi en son grand conseil, fournissent une source précieuse et unique d'informations sur ces assemblées secrètes. Pommereu les a résumées dans une lettre à Le Tellier (1), mais il y a négligé de nombreux et intéressants détails, et son annotateur a commis certaines erreurs géographiques qu'il est utile de rectifier. Voici l'analyse de ces documents inédits que l'on retrouvera aux pièces justificatives de notre travail (2). Nous avons cru devoir, pour plus de clarté, en extraire séparément les renseignements qui concernent les assemblées de la noblesse, les députés des provinces, et enfin les personnages particulièrement inculpés.

Constatons d'abord que le siége de ces assemblées se déplace en se rapprochant lentement, mais constamment, de nos contrées. Il descend de la Normandie au Perche

(1) *Lettres à Colbert*, I, Appendice, p. 510.
(2) Pièces justificatives XVI, XVII et XVIII.

et passe du Dunois dans la Beauce orléanaise. Rappelons enfin une dernière fois que ce même mois de juin 1658 vit le siége de Sully-sur-Loire par les sabotiers de Sologne.

Les premières assemblées se tinrent à Trien (1) et à Conches (2). Là se trouvaient Créqui, Dannery, Lézanville et Bonnesson.

Ensuite vient celle de Liérii (3), *le 20 juillet 1658.* Cette assemblée est organisée par Bonnesson et par le sieur de Viabon. Étaient présents avec eux : Créqui, Le Chastelier, des Tourailles, Varicarville, Dannery, de Royes et autres, au nombre de seize pour la province de Normandie (4), et, pour la généralité d'Orléans : Puissieux, Villegontard, de Neuvy, Le Chesne (de la forêt d'Orléans) et Lézanville.

A Liérii on lut un *résultat* signé de tous les députés alors présents, portant qu'il était permis à la noblesse de s'assembler pour la conservation de ses droits, immunités et franchises naturelles, et que le but de la réunion était de demander la convocation des États-Généraux. C'est la dernière fois qu'on en parle. Il fut décidé qu'on députerait quatre gentilshommes de Normandie et quatre de la

(1) Localité inconnue et dont le nom a probablement été mal lu. Faut-il y voir Trie-le-Château ou Trie-la-Ville, canton de Chaumont, département de l'Oise? C'est de Trie que le duc de Longueville écrivit sa lettre au lieutenant général d'Évreux. (Pièce justificative X.)

(2) Chef-lieu de canton, arrondissement d'Évreux (Eure). — *Lettres de Colbert,* I, Appendice, p. 510.

(3) M. P. Clément (I, p. 510, note 2) interprète ce nom par Saint-Élier, canton de Conches (Eure). On retrouve cependant Saint-Hilaire-de-Lierru, canton de Tuffé, arrondissement de Mamers (Sarthe).

(4) Au ms. fr. 6897, f° 20, il y a au-dessus et à droite de XVI un signe abréviatif qui paraît figurer 1600. Ce nombre semble énorme pour une réunion secrète. Ne faut-il pas supposer que le scribe qui a copié l'extrait de l'interrogatoire de Lézanville a commis une erreur ?

généralité d'Orléans vers le duc d'Orléans, à Blois, pour le *semondre* de sa parole, donnée au nom du roi, de la reine et des princes en 1651, et porter à la cour les plaintes de la noblesse de ce que cette promesse n'eût pas été tenue.

Le 15 septembre, les huit députés (1) se réunissent à Blois; le duc n'y était plus. Ils vont jusqu'à Fontainebleau, où ils apprennent le départ du roi pour Orléans, et reviennent à Beaugency et à Meung. En cette dernière ville, les sieurs de Rochambeau et de Peray leur rapportent que le duc ne veut pas les recevoir. Ils se séparent après avoir décidé qu'on ferait connaître à tous les gentilshommes du royaume le refus de Gaston d'Orléans, et prennent jour pour s'assembler au 15 novembre. Lézanville était chargé de prévenir les députés.

Une réunion nouvelle a lieu à Montmirail (2); les résolutions se font à Lévaré au Maine (3), le 15 novembre, ainsi qu'il avait été convenu, en présence de Créqui, Dannery, Moulin-Chapel, Varicarville, de Royes, de Thiennes, Bourguison, Bonnesson, Lézanville. On avait choisi Lévaré parce qu'il est situé au milieu des provinces du Poitou, Anjou, Orléanais. Les députés de Normandie, de Touraine et d'Orléanais y travaillèrent toute la nuit dans une hôtellerie. Chacun rendit compte de l'état de sa province et des forces qu'on y pourrait lever. Créqui déclara que ces troupes ne seraient pas à la charge du peuple et

---

(1) Dannery pour le Vexin; de Rouville et de Basse pour la Normandie; Diclon, Bérangeville pour la généralité d'Orléans, et les sieurs de Neuvy, Bonnesson et Lésanville.

(2) Chef-lieu de canton, arrondissement de Mamers (Sarthe), sur la limite de Loir-et-Cher et d'Eure-et-Loir.

(3) Lavaré, canton de Vibraye, arrondissement de Saint-Calais (Sarthe), à 12 kilomètres de Montmirail.

qu'il fournirait cent mille écus. Il fit nommer trésorier un habitant de Rouen, riche de 20,000 livres. On convint de monter à cheval le 15 janvier 1659. MM. de Normandie s'obligèrent à amener un corps de mille chevaux pour faciliter le ralliement des provinces avec la généralité d'Orléans, choisie comme base des opérations.

Neuvy et Lézanville, de leur côté, s'engagèrent, au nom de la province d'Orléans, à fournir un passage sur la rivière de Loire, à Beaügency ou à Jargeau. Dans le cas où quelque empêchement se présenterait pour la prise d'armes du 15 janvier, la prochaine assemblée fut fixée au 8 février. Lézanville devait informer les députés du lieu du rendez-vous. Jusqu'à cette époque ils feraient tous leurs efforts pour amener l'adhésion des provinces voisines.

Cependant cette insurrection, si bien préparée et qui devait encore éclater dans l'Orléanais, se heurta contre un obstacle, non pas imprévu, mais capable de déconcerter tous les projets. Pour obtenir des provinces un concours actif, on avait promis à leurs députés de choisir un moment favorable pour la convocation et la concentration de l'armée insurrectionnelle, par exemple lorsque les troupes du roi seraient occupées à un siége ou que la cour s'éloignerait. Précisément, au mois de janvier 1659, la paix semblait s'affermir plus que jamais, et la cour revenait à Paris, quittant Lyon, où Pimentel venait de présenter une lettre de Philippe IV offrant à sa sœur Anne d'Autriche la main de l'infante Marie-Thérèse pour Louis XIV.

Ainsi qu'il avait été décidé, il y eut une assemblée dans les premiers jours de février aux Tesnières (1), sur

(1) M. P. Clément (I, p. 510, note 4) place les Tesnières commune

la limite des départements d'Eure-et-Loir, Orne, Sarthe et Loir-et-Cher. Là se rencontrent Dannery, de Créqui, Bonnesson, Vieuvy (1), Lézanville, de Peray, de Thiennes, Bourguison, Montigny (2). Il n'y fut pas pris de nouvelles résolutions; mais le notaire Avrain fit signer des procurations. Chaque député devait prendre de nouvelles assurances de sa province pour faire monter à cheval le plus de monde possible.

Le résultat de l'assemblée des Tesnières fut écrit par Lézanville, à Authon, le 8 février 1659, et l'original en resta dans les mains de Dannery, comme à l'ordinaire.

En ce même mois, une autre assemblée, qui devait avoir lieu à Arrou-au-Perche (3), fut contremandée par Lézanville, et se tint à Cloyes (4).

Lézanville avait pris en passant le sieur de Peray en sa maison de *René* (5). Avec eux se rencontrèrent Créqui,

de La Bussière (Loiret). Cependant (p. 511) le président de Pommereu parle de l'assemblée des Tesnières-*en-Dunois*. En général, le résultat ou procès-verbal des assemblées était lu et signé le lendemain dans un autre endroit, par prudence; mais on le choisissait naturellement à peu de distance du premier. Ainsi Lavaré est à 12 kilomètres de Montmirail; on verra plus loin que Villecoy est encore plus rapproché de Patay (8 kilomètres). Comme ici le résultat est daté d'Authon, il faut chercher les Tesnières dans les environs. C'est, en effet, une ferme située, commune de la Bazoche-Gouet, à moins de 8 kilomètres d'Authon, arrondissement de Nogent-le-Rotrou (Eure-et-Loir).

(1) Vieuvy ou Viévy-le-Rayé, commune du canton d'Ouzouer-le-Marché, arrondissement de Blois (Loir-et-Cher).

(2) Montigny, au nord-ouest de Vieuvy.

(3) Chef-lieu de canton, arrondissement de Châteaudun (Eure-et-Loir).

(4) Chef-lieu de canton, arrondissement de Châteaudun (Eure-et-Loir).

(5) Rensy ou René, château fortifié dans la commune du même nom, canton de Selommes, arrondissement de Vendôme (Loir-et-Cher). Il appartint au XIIIe siècle à la famille Savari de Lancosme, puis à M. de Vernage, médecin de Mesdames de France, filles de Louis XV.

Dannery, Bonnesson, de Ligny (1), de Frouville, de Thiennes et Bourguison. Cette assemblée de Cloyes présente une circonstance particulière. Après le rapport accoutumé sur l'état des provinces, Bonnesson proposa comme chef le comte d'Harcourt, qu'il avait vu dans un récent voyage de Bourgogne, et dont le langage lui paraissait entièrement conforme aux sentiments de la noblesse. Sur cette proposition, Bonnesson et Dannery sont députés au comte avec une procuration signée de six commissaires nommés par l'assemblée et qui sont : Créqui, Dannery, Bonnesson, Ligny, de Thiennes et Lézanville.

Il est bon de faire remarquer que, si l'on excepte quelques parties de la Normandie, Cloyes se trouve au centre de l'agitation des nobles répandus en grand nombre dans la contrée qui forme aujourd'hui les arrondissements de Vendôme, Blois (nord), Nogent-le-Rotrou (sud), Châteaudun, Chartres (sud). Chaque village, chaque hameau contient un château, une gentilhommière qui est ou va devenir la demeure d'un conjuré. Le mouvement y gagne de proche en proche, ravivé par les assemblées générales, entretenu par de petits conventicules entre voisins. Là se signent les procurations, se racontent, sous le manteau de la cheminée, les espérances ou les déceptions de l'entreprise commune, les entrevues des députés avec les chefs du parti et les discours qu'ils ont tenus.

Ainsi, au mois de janvier 1659, à Biche (2), la Pagerie a vu Bonnesson sous le nom du chevalier de la Mothe. Il demandait au sieur de Peray s'il avait une réponse du

(1) Ligny-au-Perche, à l'ouest de Brou (Eure-et-Loir), carte de Sanson.

(2) Commune et canton de Marchenoir, au sud-ouest (carte de Delisle), arrondissement de Blois (Loir-et-Cher). Il y existait déjà un hôtel seigneurial au XVe siècle.

prince de Tarente, à quoi de Peray répondit que c'était
une chose faite, ajoutant ces mots : « Il est à nous ; il ne
s'en peut plus dédire. »

A Clesle (1), Bonnesson lui confirme cette nouvelle :
« Le prince de Tarente sera avec nous ; il est des
nôtres. » Il devait commander la cavalerie.

A Clesle encore, au mois de février, Bonnesson confie
à la Pagerie que, dans les premières assemblées, ils ré-
soudraient toutes choses ; que, bientôt après, ils monteraient à cheval ; qu'ils n'avaient besoin que d'officiers
d'infanterie, et qu'ils trouveraient assez de soldats.

On disait aussi que Bonnesson avait négocié, aux mois
de mars et d'avril, avec le comte de Saint-Aignan, pour
l'*embarquer* avec la noblesse (2) ; que le duc de Guise
aurait accepté de commander les troupes, mais qu'on lui
préférait le comte d'Harcourt ; que, sur la proposition
faite au prince de Condé de se lier avec la noblesse, il
aurait fait partir plusieurs de ses affidés, dont le sieur
de Coligny (3), avec deux ou trois cent mille écus d'argent,
pour délivrer au comte d'Harcourt et bailler, par ses
ordres, aux gentilshommes des provinces ; mais que, la
surséance d'armes étant acceptée par les deux couronnes, le premier aurait renvoyé un courrier à Coligny
pour le faire retourner sur ses pas ; que Matignon, lieutenant du roi en Normandie, s'était engagé à livrer au
prince de Condé les places de la province et les ports de
mer, entre autres Cherbourg.

Lézanville rapportait encore que Neuvy lui avait proposé de se saisir de la ville de Janville-en-Beauce, place

(1) Château appartenant à Lézanville, entre Marchenoir et Oucques
(Loir-et-Cher).
(2) Pièce justificative XVI.
(3) Proscrit en 1654, en même temps que Condé.

qui pouvait servir de retraite au corps de la noblesse, et que l'on ferait contribuer jusque dans les portes d'Orléans et de Paris.

En avril 1659, probablement au commencement du mois, se tint à Villequoy (1) l'une des assemblées les plus importantes. On y retrouve les mêmes personnes : Dannery, Créqui, Bonnesson, Vieuvy, Lézanville, de Peray, de Thiennes, Bourguison, Montigny, des Tourailles, d'Igoville, des Essarts. Après que chacun eut rendu compte de ses négociations dans les provinces, d'Igoville prit la parole en ces termes : « Messieurs, je suis ici envoyé de la part de la personne que vous savez, et en voici son écrit. » L'écrit ne contenait que ces mots : « Messieurs, j'accepte l'honneur que vous me faites, et ajouterez même créance à ce gentilhomme comme si c'était moi-même. » Le billet est concis et mystérieux ; mais ce qui lui donne de l'importance, c'est que, dans l'assemblée, on nommait publiquement son auteur : le comte d'Harcourt ; et l'on affirmait que sa signature y était apposée. Il fut arrêté qu'il serait remercié au nom de toute l'assemblée.

Bonnesson promit 4,000 hommes de la part d'un gentilhomme que chacun crut être le duc de Saint-Aignan. Il assura aussi les députés qu'il avait vu la noblesse et le Parlement de Bourgogne.

Enfin il fut décidé que la noblesse monterait à cheval à la première occasion favorable, et qu'il n'y aurait

---

(1) Villecoy est une ferme de la commune de Péronville, canton d'Orgères (Eure-et-Loir), à 8 kilomètres de Patay (Loiret). Nous préférons cette indication à celle de Villequoy, près Voves (Eure-et-Loir), et encore plus à celle de Villequoy, commune d'Yèvres (Eure-et-Loir), donnée par M. P. Clément, à cause de sa proximité avec Patay où se terminèrent les écritures le lendemain de l'assemblée de Villequoy.

plus de réunion. Bonnesson devait aller en Flandre, et Créqui vers le comte d'Harcourt.

Au lendemain de l'assemblée de Villequoy, les députés se rendirent à Patay (1). On y acheva toutes les écritures dans un cabaret, puis chacun porta la santé du comte d'Harcourt à d'Igcville, qui signa en son nom plusieurs arrêtés.

Une autre assemblée se fit, le 20 avril, à Voves-en-Beauce (2), et de là à Saint-Péravy (3), d'où l'on gagna la forêt d'Orléans, sur les bords de laquelle on s'arrêta pour tenir un dernier conventicule. Créqui, d'Igoville, des Tourailles, de Thiennes, Bourguison, de Ligny, de Neuvy, de Frouville, Lézanville, Bonnesson et Dannery s'y rencontrèrent encore. Ces derniers firent un rapport sur leur mission en Bourgogne auprès du comte d'Harcourt. Il n'y était plus ; mais Cussigny (4) et Musigny se portèrent auprès d'eux garants de leur province.

Ils se rendent à Paris et rejoignent enfin d'Harcourt à Royaumont, où ils arrivent à onze heures du soir. Tout le personnel de la maison s'étant retiré, ils sont présentés au comte par ses secrétaires La Noue et Robert. Ils lui demandent s'il persiste dans ses sentiments à l'égard des nobles. Sur la réponse que « cela lui était à grand honneur, » ils font un traité par lequel le comte se lie aux intérêts de la noblesse et promet, en cas d'arrestation d'un des gentilshommes conjurés, de monter à cheval

---

(1) Chef-lieu de canton, arrondissement d'Orléans (Loiret).

(2) Chef-lieu de canton, arrondissement de Chartres (Eure-et-Loir).

(3) Saint-Péravy-Épreux, canton d'Outarville (Loiret), à 30 kilomètres de Voves, et présentant, pour atteindre la forêt, un plus court chemin que Saint-Péravy-la-Colombe (Loiret).

(4) Cussigny est à deux lieues sud-ouest de Nuits (Côte-d'Or).

et de tout tenter pour le rendre à la liberté. Ce traité, signé « Henry de Lorraine, » est mis entre les mains de Dannery. Ils demandent ensuite au comte d'envoyer quelqu'un de sa part à leur assemblée; et d'Harcourt donne sa procuration à d'Igoville, avec l'engagement d'exécuter tout ce qui serait résolu en cette occasion.

Ce rapport étant fait, on décide qu'il n'y a plus lieu de se réunir, puisque l'on a l'adhésion de toutes les provinces, et l'on procède à l'élection de trois députés généraux. Dannery, Créqui et d'Igoville sont revêtus de cette qualité par un acte signé de tous les membres de l'assemblée.

Les députés généraux devaient s'entendre de leurs affaires avec le comte d'Harcourt et le prier de se retirer de Royaumont, où il n'était plus en sûreté. On pensait qu'il partirait un vendredi, de nuit, pour se rendre à Caen ou au Pont-de-l'Arche.

Cependant les puissances avaient signé une trêve le 7 mai et les préliminaires de la paix le 4 juin 1659. Si l'on voulait obtenir quelque résultat, il importait de se hâter. Les bruits de paix avaient déjà calmé bien des ardeurs; et l'on se rendait compte que, la guerre une fois terminée, il n'y aurait plus d'agitation et, à plus forte raison, de soulèvement possible.

Les députés généraux prirent les ordres du comte d'Harcourt et, au mois de juillet, Bonnesson et Laubarderie partirent pour Bruxelles. Le premier présenta à Condé les compliments de d'Harcourt, désireux d'unir ses intérêts à ceux du prince, pour la paix comme pour la guerre. Bonnesson fit adroitement valoir les avantages qui découleraient pour le corps de la noblesse de cette alliance avec le premier prince du sang. Louis de Condé accueillit favorablement de pareilles propositions;

7

il offrit 10,000 hommes sous son commandement, et dit qu'il écrirait à ses nombreux amis de France, qui étaient tous des premiers de la cour, pour les prier de se joindre au corps de la noblesse. Il demanda, dans le cas où la paix serait rompue (c'est toujours la même condition suspensive), que l'on fît partir aussitôt un homme pour arrêter avec lui les dernières dispositions, et qu'il ne manquerait ni de monde ni d'argent.

Le prince de Condé confia à Bonnesson qu'il avait vu plusieurs fois le cardinal de Retz, à Bruxelles ou à Cologne. Parlant des assemblées de la noblesse de France, le cardinal avait promis, lorsque l'affaire serait en état, de faire prêcher tous les curés de Paris et de son diocèse en faveur du parti de la noblesse, ce qui ne nuirait pas à leurs desseins.

De retour à Paris, Bonnesson rendit compte aux députés de sa mission à Bruxelles. Il voulait rapporter de suite les paroles de Condé à d'Harcourt, mais il ne le rencontra ni à Paris ni à Royaumont (1).

En ce dernier lieu, pendant la nuit et en pleine forêt, il fut résolu, aux mois de juillet et d'août, que si l'on mettait en prison quelques gentilshommes, il faudrait user de représailles, et que l'on prendrait le surintendant Fouquet sur la route de Saint-Mandé, qu'il parcourait souvent, ou Le Tellier, le secrétaire d'État. On leur ferait subir le même traitement qu'aux gentilshommes prisonniers. Il y eut enfin au mois de septembre, chez des Tourailles (2), une conférence de députés où se trouva Créqui, et il avait été question de tenir des assemblées en Sologne (3).

(1) Commune d'Asnières-sur-Oise (Seine-et-Oise).
(2) Tourailles, au-dessus et près de Peray, canton de Selommes, arrondissement de Vendôme (Loir-et-Cher). M. P. Clément met Tourailles dans la commune de Pré-Saint-Évroult (Eure-et-Loir).
(3) *Mémoires du prince de Tarente*, p. 212.

C'est à la suite de ces événements que Bonnesson n'ayant pu rejoindre d'Harcourt, mais instruit du lieu de sa retraite, se trouvait à Paris chez Laubarderie avec Lézanville, et donnait à son neveu, page de la Grande-Écurie, les renseignements nécessaires pour tenir le comte au courant des négociations avec Condé, lorsque tous, dénoncés par Neuvy et peut-être trahis par Lézanville, furent saisis et jetés à la Bastille.

Donnons ici, pour chacune des provinces, le nom des personnes qui négocièrent leur union ou qui les représentèrent, comme députés, aux assemblées de la noblesse.

Anjou. — Gratot, Marancé.

Berry et Sologne. — Bonnesson, Lézanville.

Bourbonnais. — De Vieuvy.

Bourgogne. — Bonnesson, Cussigny, Musigny.

Dunois et Chartrain. — De Neuvy.

Languedoc. — Roquesolle.

Marche. — De Thiennes, Bourguison.

Normandie. — De Créqui, Tourailles, Dannery, Moulin-Chapel, Varicarville, de Royes, de Rouville, Le Chastelier, de Basse.

Orléanais. — Bonnesson, Lézanville, de Viabon (1), Puissieux, Villegontard, de Neuvy, Le Chesne, Diclon, Bérangeville, de Ligny, de Frouville.

Poitou. — De Peray, Saint-Philbert, Leschasserie, La Rochetoulais.

Touraine. — De Thiennes, Bourguison.

Vendômois. — De Vilseur.

Vexin. — Dannery.

(1) C'était un membre de la famille de Prunelé, l'une des plus importantes de la Beauce. Il avait été choisi comme lieutenant par l'*Union des gentilshommes de la Beauce.* (Pièce justificative V.)

Tous ces députés étaient décrétés de prise de corps. En outre, beaucoup d'autres noblcs étaient recherchés pour leur participation, plus ou moins éloignée, au complot. Citons seulement ceux du Dunois, du Vendômois et du Perche (1) : de Vilseur, député du Vendômois; de Rieux, de Stenay, d'Autry, Vilarmani, Lafonds (d'Orléans); Lautrivière, La Grafardière, Boisguion, Planchehubert, de Briou, Montinbeuf (2), Grandhoux, Monhenry (de Chartres); la dame d'Houëtreville, belle-sœur de Dannery (3).

Ils étaient accusés, les uns d'avoir été aux assemblées, les autres d'avoir excité leurs amis à signer l'union, la plupart d'avoir formé un corps de cavalerie pour secourir Lézanville. Beaucoup de ces derniers se présentèrent au grand Conseil.

VI

Procès et exécution de Bonnesson.

Les dépositions de Frouville, La Pagerie et Lézanville, et leur confrontation avec Bonnesson, produisirent un résultat plus important encore qu'on n'eût osé l'espérer. Jusqu'alors tout ce qui concernait les assemblées secrètes de la noblesse reste dans le vague et le doute. Désormais, au contraire, les soupçons prennent un corps; plu-

(1) *Pommereu à Le Tellier, Lettre de Colbert,* I, 512. Quelques-uns de ces noms ont une physionomie étrange et doivent avoir été défigurés par un copiste.

(2) De Brossard de Montainbeuf est au nombre des gentilshommes du bailliage de Chartres convoqués en 1691 pour l'arrière-ban.

(3) Le seigneur d'Ouestreville, à cette époque, s'appelle Lazare de Villeneuve. C'était une des nombreuses familles protestantes de Beauce mêlées à cette affaire. En 1676, Suzanne de Villeneuve fit son abjuration dans l'église d'Angerville.

sieurs points se trouvent acquis aux débats; certaines
complicités deviennent indéniables.

Par exemple il est bien prouvé que, si Condé et d'Harcourt se tenaient à la tête du complot, Dannery et Bonnesson en étaient à la fois l'âme et le bras; que Retz y
fut mêlé; que Bonnesson organisa les assemblées secrètes
et servit d'intermédiaire entre Condé et d'Harcourt. Mais
on fit des découvertes plus embarrassantes. Des personnages haut placés à la cour, ou tenant aux plus grandes
familles, s'étaient plus ou moins compromis: des Longueville, des Guise, des La Trémouille, des Saint-Aignan, des
Matignon. Quelle conduite devait-on tenir avec eux? Il
était facile de les inquiéter, de les menacer; il l'était
moins de les punir. Il fallait bien leur témoigner quelques égards, puisqu'on usait de ménagements même avec
Condé, soutenu comme un allié par l'Espagne, pendant
les préliminaires de la paix.

Maintenue de ce côté, la vengeance du cardinal ne s'en
déchaîna que plus violente contre Bonnesson, qu'il pouvait écraser sans pitié; on peut ajouter : et sans danger. Mazarin est tellement certain d'une condamnation
qu'il en escompte les effets : « Le Normand qui me sert
il y a longtemps, écrit-il à Le Tellier, et un autre de mes
gens m'ont donné le mémoire cy-joint. C'est pour la confiscation de Bonnesson. Si le roy n'est engagé à personne
pour cette confiscation, vous me ferez plaisir de dire à
Sa Majesté que je la suplie de leur faire expédier le bre-
vet sous leur nom ou sous tel autre qu'ils désire-
ront (1). » C'était autrefois l'usage de réclamer, sans
vergogne, les dépouilles de ceux dont on poursuivait la

____

(1) Bibl. nat. ms. fr. 6896, f° 281, à Saint-Jean-de-Luz, le 29 octobre 1659. — Cette note est de la main même du cardinal.

condamnation ou la destitution, usage abominable dont la civilisation moderne sait dissimuler la brutalité sous d'ingénieux raffinements. Quant à l'Éminence, elle avait volontiers contracté l'habitude de payer ainsi, sans bourse délier, les services qu'on lui rendait.

L'attitude de Bonnesson s'était maintenue froide et passive, tant que des présomptions seulement pesèrent sur lui. Il eut la prudence de se taire, car un seul mot pouvait dégager la lumière aux yeux de la justice et livrer le fil conducteur de cette ténébreuse affaire. Le grand Conseil s'irritait d'un pareil silence et s'apprêtait, nous l'avons vu, à lui faire son procès *comme à un muet*. Mais la trahison de quelques-uns de ses complices contraignit Bonnesson à modifier son système. Il accepte la lutte. Se retranchant derrière l'exception d'incompétence, il décline la juridiction du grand Conseil et demande son renvoi, en qualité de protestant, devant la chambre de l'édit du Parlement. Cependant, même devant le grand Conseil qui retient la cause, il défend le terrain pied à pied. Pendant deux heures consécutives, il proteste de son innocence touchant l'affaire des révoltés de Sologne.

Son assurance commence à fléchir quand il est confronté avec La Pagerie et Frouville. Il les prie de se dédire d'une partie de leurs dépositions, s'écriant qu'on le veut perdre (1). Le notaire Avrain lui porte un nouveau coup en présentant les procurations qu'il avait signées. Ce fut bien pis encore lorsque Lézanville, que le désir de mériter sa grâce rendait impitoyable, soutint en face de lui sa longue déposition, dont les détails étaient entièrement conformes à tout ce que Neuvy avait révélé.

(1) *Lettres de Colbert*, I. Appendice, p. 108. Pommereu à Le Tellier.

Colbert avoue que, sans la déclaration de Lézanville, on aurait eu peine à venir à bout de cette affaire, « parce qu'il n'y avoit nulle preuve de l'affaire des sabotiers, et que celle des assemblées de noblesse donnoit quelques scrupules à quelques-uns des juges, à cause de la promesse de Son Altesse Royale en 1651, confirmée par le roy. Mais le voyage de Bruxelles a levé toute difficulté (1). »

Cependant le grand Conseil s'attachait à suivre minutieusement tous les détails de l'instruction criminelle, affectant de montrer au public qu'il ne mettrait aucune précipitation dans ses décisions (2). L'un des commissaires même, Charpentier, nous ne savons sous quel prétexte, avait refusé d'opiner après le premier interrogatoire sur la sellette (3). Ces symptômes donnaient lieu de craindre que quelques-uns des juges de Bonnesson ne lui fussent favorables. Aussi peut-on se demander pour quel motif le chancelier donne l'ordre au président et au rapporteur de travailler au procès, toutes affaires cessantes, même les audiences (4). C'est que Séguier, peu favorable aux entreprises du Parlement, redoutait que cette puissante compagnie ne voulût s'emparer de l'affaire. L'incident était pourtant inévitable. En effet, Bonnesson demande à répondre et fait présenter une requête au Parlement. Elle avait été déposée entre les mains de Doujat, et le premier président en empêcha d'abord l'effet ; deux jours après il fut obligé de consentir que l'on y mit le *soit monstré* au procureur général (5).

(1) *Lettres de Colbert,* I, 401, à Mazarin, le 23 novembre 1659.

(2) Bibl. nat. ms. fr. 6897, f° 76. Pommereu à Le Tellier, 19 novembre 1659. Pièce justificative XX.

(3) Bibl. nat. ms. fr. 6897, f° 88. Pommereu à Le Tellier, 23 novembre 1659. Pièce justificative XXI.

(4) *Lettres de Colbert,* I, 398.

(5) Pièce justificative XX.

Il fallait, pour détourner cet orage, joindre la ruse à
l'énergie, et surtout agir sans retard. Le vieux chancelier
Séguier semblait désigné d'avance pour remplir ce rôle.

Dans une conférence entre Colbert, le premier président de Lamoignon et le procureur général Talon, il fut
décidé que le chancelier parlerait aux gens du roi: Il leur
fit entendre, pour le rapporter à leur compagnie, « que
c'estoit une conspiration dont le commencement et le
progrès s'estoit passé hors l'estendue du Parlement de
Paris, et que, quand bien mesme le procès y auroit esté
commencé, il y avoit tant de personnes compliquées dans
ce crime, qui avoient des parents et des alliances dans ledit Parlement de Paris, que le roy seroit obligé de le
renvoyer dans un autre (1). »

L'argument ne manquait pas d'habileté et porta coup.
Laissons Séguier présenter lui-même le résultat de sa négociation : « J'ay mandé les gens du roy et leur ay faict
entendre l'estat de cest affaire, les raisons que l'on a
eues de l'envoyer au grand Conseil; ainsy, après le rapport de ce que j'avois dict, l'on s'est contenté d'ordonner
qu'il seroit faict registre de ce que j'aurois dict aux gens
du roy, et que très-humbles remonstrances seroient
faictes à Sa Majesté sur les commissions extraordinaires,
tellement que le grand Conseil a la liberté de juger Bonnesson, qui est l'auteur de tous les soulèvements de la
noblesse (2). »

La victoire avait été remportée presque sans combat.
On voit que l'esprit de résistance déclinait sensiblement
dans le Parlement. Ce n'est pas sous la Fronde qu'il se

(1) *Lettres de Colbert*, I, 401.
(2) Bibl. nat. ms. fr. 6897, fᵒ 91, vᵒ. Séguier à Le Tellier, 23 novembre 1659. Cf. Pièce justificative XXI.

fût borné à faire au roi de très-humbles, mais très-stériles remontrances !

C'est le 23 novembre que la requête de renvoi au Parlement avait été présentée pour Bonnesson. Le même jour il comparaît de nouveau sur la sellette, devant le grand Conseil ; il se défend de son mieux durant deux heures et demie. L'assurance énergique dont Lézanville soutient sa déposition le contraint cependant, comme auparavant Laubarderie, d'avouer le voyage de Bruxelles. Il signait ainsi son arrêt de mort au moment où le prince de Condé signait sa soumission à Bruxelles même (1). L'histoire enregistre parfois de ces coïncidences.

L'affaire était toujours à peu près dans le même état à la date du 3 décembre, et Séguier en transmettait ses plaintes à Le Tellier dans les termes suivants : « Le soing que j'ay pris d'advancer le jugement du procès de Bonnesson n'a pas réussy ainsy que m'avoient fait espérer Messieurs du grand Conseil. Ils n'y ont pas travaillé, comme ils avoient promis, toutes affaires cessantes. Tellement que les parents de l'accusé, qui ont eu trop de temps pour faire leurs sollicitations, n'ont oublié aucun moyen pour faire différer le jugement. Ilz ont faict demander du conseil par l'accusé ; l'on luy a donné un advocat, et, contre toutes les règles, ils ont permis à cest advocat de plaider en une audience publique. Il s'est porté appellant pour le criminel de toute la procédure faicte par les commissaires et les a récusez, en sorte que je voy le jugement de ce procès fort esloigné. Je manderay Messieurs du grand Conseil pour leur dire ce que j'estime sur le suject. Il eust esté à désirer

(1) Bibl. nat. ms. fr. 6897, f° 403, 26 novembre 1659.

que cest affaire fust terminée avant la publication de la
paix (1). »

Blâmées par les habiles gens en matière d'instruction
criminelle, suivant l'expression de Colbert, ces lenteurs
permirent au procès de rentrer dans une voie régulière
que les impatients, disait-on, eussent volontiers évitée. La
famille de Bonnesson profita du répit pour faire demander la grâce du coupable ; mais ses instances, faute d'appui, ne parvinrent pas jusqu'à la cour. Aussi Mazarin
répondait-il à Colbert qui lui rapportait ce bruit : « Il
n'y a eu personne jusqu'à présent qui ayt ouvert la bouche
en faveur de Bonnesson ; et s'il attend de sortir d'affaire
par ce moyen, il ne prend pas bien ses mesures, car le
roy veut la justice (2). »

Le 8 décembre on redoutait encore les hésitations des
juges. La défiance de Colbert lui inspira une suggestion
destinée à peser sur l'arrêt du grand Conseil. « Je crains
bien, écrit-il à Mazarin, qu'enfin toutes ces compagnies
ne fassent connoistre clairement au roy que l'on ne doit
jamais espérer aucune justice d'elles. Comme Vostre Éminence scait que le grand Conseil doit toujours suivre le
roy, j'estime qu'il faut envoyer icy une lettre de Sa Majesté pour le faire rendre à sa suite dans le 20 du mois
prochain. S'ils achèvent plus diligemment, et qu'ils achèvent bien, cette lettre ne leur sera pas rendue. S'ils tirent
encore en longueur, on pourra la leur faire voir ; et s'ils
continuent de mal faire, on pourra la leur rendre en
effet (3). »

L'élève se montrait digne du maître. Le cardinal se

(1) Bibl. nat. ms. fr. 6897, fº 115. Séguier à Le Tellier, 3 décembre 1659. Pièce justificative XXIII.
(2) *Lettres de Colbert*, I, 405.
(3) Lettre de Colbert à Mazarin, 8 décembre 1659.

hâta d'envoyer la lettre. On n'eut pas besoin de s'en servir; mais il n'est pas prouvé qu'on ne la fit pas voir.
Séguier ne conservait aucun doute sur le résultat final :
« Les parents sollicitent puissamment, dit-il; mais le
crime est si constant et reconnu par l'accusé, qu'il ne
scauroit esviter la condempnation, et quelque retarde-
ment que l'on puisse apporter au jugement, cella ne
change en rien à la qualité du crime; j'espère que dans
cette semaine nous en aurons à la fin (1). »

L'arrêt fut rendu le vendredi 12 décembre 1659. Quelques juges avaient opiné pour le supplice de la roue;
mais la majorité décida que Bonnesson aurait la tête
tranchée sur un échafaud dressé en la place de la Croix-
du-Tiroir de Paris. Ses maisons devaient être rasées, ses
bois de haute futaie coupés à hauteur d'homme. Enfin il
était condamné à une amende de 2,000 livres envers le
roi, 1,000 livres envers l'hôpital général, 500 en œuvres
pies. Une pareille somme restait applicable à la discrétion
du Conseil. Tous ses biens étaient acquis et confisqués au
roi *ou à qui il appartiendra*. Bonnesson était reconnu
coupable sur tous les chefs (2). Il était particulièrement
convaincu d'avoir fomenté les séditions de la Sologne en
1658, assisté aux assemblées de la noblesse avant et depuis la déclaration, négocié tant au dedans que *dehors* le
royaume pour y donner entrée aux ennemis de l'État.

Le chancelier Séguier, informant Le Tellier de l'arrêt,
réhabilite en ces termes le grand Conseil : « Le jugement a bien faict voir que cette compagnie a eu toujours
l'intention sincère pour punir sévèrement les entreprises

---

(1) Bibl. nat. ms. fr. 6898, f° 135. Séguier à Le Tellier, 10 décembre 1659.

(2) Ils sont énumérés dans la pièce justificative XXIV.

qui vont contre l'auctorité du roy. Le criminel a esté
condemné à avoir la teste tranchée, ce qui a esté exécutté samedi dernier. Il estoit important que l'on connût
que ces grands crimes n'estoient point couverts par le
traicté de paix, ainsy que plusieurs en ont faict courir les
bruitz (1). »

C'est à Guy Patin que nous emprunterons les détails
de l'exécution (2) :

« Samedi dernier, 13 de ce mois, le marquis de Bonnesson a eu la tête tranchée à la Croix-du-Tiroir ; il est
mort huguenot et n'a jamais voulu entendre le docteur
de Sorbonne, qui tâchoit de le convertir, afin qu'il mou-
rût à la romaine. Il n'a point voulu être bandé ; je pense
qu'il a été veu de tout Paris, car il a été amené de la
Bastille dans une charrette fort élevée, jusques au lieu du
supplice. Il avoit un livre en ses mains, dans lequel il
lisoit ; il étoit un des chefs de la conspiration des Sabotiers ; il y en a encore deux dans la Bastille, au procès
desquels le grand Conseil a charge de travailler incessamment ; il étoit conduit au supplice par 800 archers à
pié et à cheval. Si la conspiration du marquis de Bonnesson eût réussi, on dit que c'eût été une horrible
chose, qu'il y avoit plusieurs grands du roiaume qui s'y
étoient engagés par promesse, et même il y en a qui
disent que Cromwel avait promis de s'y joindre, et qu'il
devoit envoyer une armée à leur secours, qui eût abordé
du côté de La Rochelle. Bon Dieu ! quelle désolation il y
eût eu en France ! »

Laissons ce bonhomme de médecin trembler de frayeur

(1) Lettre de Le Tellier à Colbert, 18 décembre 1659. Bibl. nat.
ms. fr. 6897, f° 135.
(2) *Lettres de feu M. Guy Patin*, II, p 3.

rétrospective dans sa maison de la rue du Chevalier-du-
Guet, « en belle vue et hors du bruit, » comme il se
plaisait à l'écrire ; et constatons que tout le monde est
d'accord sur l'attitude courageuse gardée par Bonnesson
jusqu'à ses derniers instants : « Il a esté assez fier en
mourant, » dit Pommereu (1).

Loret lui rend le même témoignage dans sa *Muze historique* (2) :

> Pour mainte action illicite,
> Prézentement on décapite
> Assez proche de nos quartiers
> Un des chefs d'iceux sabotiers
> Dont sur les rivages de Loire
> On condamne encor la mémoire.
> Il a subi son châtiment,
> A ce qu'on dit, bien constamment,
> Et, sans soufrir que sa paupière
> Fût bandée en nule manière,
> A voulu dans son dernier sort
> Regarder fermement la mort.

Le prince de Condé n'ayant pu sauver Bonnesson, fit
emporter le cadavre dans ses carrosses, et donna des ordres pour son inhumation (3).

(1) *Lettres de Colbert*, I, Appendice, p. 514.
(2) Ed. Dafflis, III, 139.
(3) *Famille de Jaucourt*, notice généalogique par M. le comte DE
CHASTELLUX, Auxerre, 1878, p. 59. — V. aussi le *Dictionnaire de la
noblesse*, de LA CHENAYE-DESBOIS, t. VIII, p. 215. Le rôle de G. de
Jaucourt y est singulièrement atténué. On le fait passer pour la « mal-
heureuse victime de la paix que le prince fit avec le cardinal Mazarin. » Le Dictionnaire de Morért avait puisé aux mêmes sources. Il
ajoute : « Il était criminel et lèze-ministre. On sait le bon mot de
Charles II sur la différente punition pour ces deux crimes; Gabriel de
Jaucourt subit la plus rigoureuse » Le chanoine Hubert, généalogiste
orléanais, donne une fausse indication en disant : « Il eut la tête
tranchée pour avoir participé aux rébellions des Sabotiers en 1662. »

Le supplice de Gabriel de Jaucourt réfute le court passage consacré par M. Henri Martin à l'agitation de la noblesse en 1659. Il la concentre exclusivement en Normandie et termine par ces mots : « Il n'y eut pas, du moins, d'exécutions capitales (1). »

La justice était satisfaite. Mazarin dut mettre des bornes à sa vengeance. Aussi bien la France avait soif de tranquillité. De graves motifs avaient fait conclure la paix au moment le plus favorable pour continuer une guerre dont le succès n'était pas douteux. Ces mêmes motifs militaient hautement pour que, cessant les poursuites contre les nobles, on fit renaître le calme dans toutes les provinces du royaume.

Il n'est peut-être pas hors de propos d'examiner rapidement ce que devinrent les principaux personnages qui avaient participé aux complots de Bonnesson.

Louis de Condé (à tout seigneur tout honneur) avait déclaré, en embrassant le parti de la Fronde, qu'il serait le dernier à remettre l'épée au fourreau. Il sentit enfin le désir de rentrer dans le devoir et de revenir en France, car l'exil pesait à ce soldat, plus habile aux choses de la guerre qu'aux intrigues diplomatiques, et qui avait été vaincu sur l'un et l'autre terrain par Turenne et le cardinal. En effet, le prince se plaint, au mois de juillet 1659, d'avoir écrit trois fois à son confident Lenet sans recevoir de réponse, tandis que ses lettres, même chiffrées, tombent entre les mains de Mazarin. Ce dernier en connaît le contenu, grâce à l'habileté de ses déchiffreurs que le changement de chiffres ne déroute aucunement (2). Condé se conduisit en homme d'honneur, une fois sa

(1) *Histoire de France*, t. XII, p. 531, note.
(2) Bibl. nat. ms. fr. 6722.

soumission faite, et refusa dignement certains avantages
que les Espagnols voulaient [stipuler à son profit dans le
traité des Pyrénées.

C'était le meilleur moyen de se rétablir dans la faveur
royale. Louis XIV lui rendit, avec son amitié, tous ses
honneurs et toutes ses charges. Il fit aussi sa paix avec le
cardinal, qui fut son hôte pendant une semaine, au cours
de l'année 1660, et lui témoigna mille égards pour répondre aux flatteries dont le prince l'avait comblé, même
avant son départ de Bruxelles (1). En même temps Mazarin employait avec succès Lenet comme diplomate en
Espagne, de préférence à ses ambassadeurs ordinaires et
aux gens de M. de Lionne : « Vous connoistrez, lui écrit-
il, qu'en peu de temps vous êtes devenu le directeur de
tous nos ambassadeurs (2). »

Le duc de Longueville, entraîné par sa femme, la belli-
queuse Anne-Geneviève de Bourbon, sœur de Condé, avait
fait seulement quelques démarches en faveur de plusieurs
des nobles poursuivis. Il fut maintenu dans son gouvernement de Normandie, avec promesse de survivance pour son
fils.

Du cardinal de Retz, il y a peu de chose à dire; il ne
fut qu'indirectement mêlé à l'affaire des nobles. Il s'en
entretint pourtant dans les visites qu'il fit à Bruxelles et à
Cologne auprès de Condé. Le prince s'employa vainement
à le faire comprendre dans le traité de paix. Il ne devait
rentrer en grâce qu'au mois de juin 1664.

Henri de Lorraine, comte d'Harcourt, est celui dont le
burin de notre compatriote Antoine Masson a tracé, d'après
Mignard, un superbe portrait connu sous le nom du *Cadet*

(1) Journal de Lefèvre d'Ormesson, II, Introduction, dans la collection des *Documents inédits*.
(2) Bibl. nat. ms. fr. 6724.

à la perle. Il s'était gravement compromis en acceptant
de se mettre à la tête des nobles, et l'interrogatoire de
Lézanville révélait clairement ses coupables intrigues avec
Condé et Bonnesson. Cependant Colbert, apprenant qu'il
venait de se rendre auprès du cardinal, empêcha le procureur général du grand Conseil de prendre des conclusions sur les dépositions qui chargeaient d'Harcourt (1).
De pareilles injonctions avaient été transmises au président du grand Conseil. De Pommereu répond à Le Tellier, le 28 novembre : « Suivant les ordres que vous me
faites l'honneur de me donner, par votre lettre du 18 de
ce mois, je ne manqueray pas de disposer les choses
d'une manière qu'il ne sera rien faict assurément au
grand Conseil contre M. le comte d'Harcourt (2). »

On en agit de même à l'égard du comte de Saint-
Aignan. La déposition de Frouville semblait prouver
d'une manière indéniable la complicité du premier gentilhomme de la chambre du roi dans les projets de révolte. Cependant, dès le 25 octobre, Mazarin écrit à Colbert : « Vous irez, incontinent la présente reçue, trouver
M. le chancelier, et vous lui direz de ma part que l'intention du roy est que, dans les procédures qui regar-
dent les assemblées de la noblesse, il ne soit fait aucune
chose ni laissé aucune marque dont M. le comte de Saint-
Aignan puisse recevoir le moindre préjudice, ni à présent,
ni à l'avenir, parce qu'il n'a rien fait en cela que par le
commandement très-exprès de Sa Majesté et d'intelligence
avec moi (3). »

Ces derniers mots autorisent M. H. Martin à croire que

(1) *Lettres de Colbert*, I, 403. — A Le Tellier, 28 novembre 1659.
(2) Pièce justificative XXII.
(3) *Lettres de Colbert*, I, 400, note 2.

le comte de Saint-Aignan se serait abaissé à remplir le rôle odieux d'agent provocateur (1). L'explication de M. P. Clément semble pourtant préférable : « Il est plus probable, dit-il, que, Louis XIV lui ayant pardonné, Mazarin imagina cette excuse (2). »

Ainsi Condé, d'Harcourt, Saint-Aignan furent, au dernier moment, exempts des poursuites. Leur nom fut à peine prononcé dans les débats du procès, et il n'est point question d'eux dans l'arrêt contre Bonnesson. A peine laisse-t-on glisser l'expression de « négociations tant au dedans que *dehors* le royaume. » C'est le commencement des mesures de clémence, appliquées d'abord à ces hauts personnages, pour s'étendre bientôt sur tous les accusés.

Le Tellier parle le premier d'une abolition générale dès le 31 octobre, mais en faisant exception des chefs du parti, qu'il fallait continuer à poursuivre vigoureusement (3).

Colbert entretient plusieurs fois le cardinal de ce projet. Après le premier arrêt, il se hâte de faire travailler au rasement des maisons et des bois des condamnés par contumace, « afin que, si le roy prend résolution de pardonner au reste des coupables, Annery et Créqui se trouvent toujours punis par cette exécution (4). »

D'après la réponse du cardinal, en date du 31 décembre 1659, le roi voulait en effet pardonner à tous, moins Dannery et Créqui (5). En effet, Louis XIV

(1) *Histoire de France*, XII, p. 531, note.
(2) *Lettres de Colbert*, I, 400.
(3) Pièce justificative XIX.
(4) *Lettres de Colbert*, I, 401. Les lettres de Pommereu insérées aux pièces justificatives donnent de nombreux détails relativement à ce rasement de bois et de maisons. Voir aussi la lettre de Cuvilier, pièce justificative XV.
(5) *Lettres de Colbert*, I, 414, note 6.

envoya une lettre à Le Tellier. Elle ordonnait de faire
dresser par le chancelier une déclaration portant l'abolition
pour les complices de Bonnesson. Après avoir réclamé de
Pommereu (1) quelques renseignements sur les gentilshommes en fuite et sur les garnisons mises dans leurs
châteaux, Séguier fit expédier et présenter la déclaration
au grand Conseil. Il craignait encore que le Parlement ne
voulût s'ingérer dans cette question, et lui détache cette
nouvelle boutade : « Je ne doute point que cette attribu-
tion de juridiction ne fasse encore quelque émotion dans
le Parlement, qui porte son auctorité avec injustice au-
dessus de ce qu'elle peut prétendre avecq raison. Ces
Messieurs s'imaginent que la puissance du roy doict estre
renfermée dans leurs ordres. Je croy qu'enfin il fault que
Sa Majesté tire son auctorité de ces entreprises, qu'il
fasse sentir à cette compaignie pour une bonne fois qu'il
ne veult et ne peut souffrir ce procédé si injuste (2). »

Enfin le grand Conseil vérifia les lettres d'abolition, et
Mazarin manda à Colbert de faire élargir tous les prisonniers. Ce fut le 27 février 1660 que Lézanville et Laubarderie quittèrent la Bastille en même temps que Bordeaux
sortait du château d'Amboise.

Le notaire Avrain et le page Jaucourt ne furent mis en
liberté qu'un peu plus tard.

Le président de Pommereu de la Bretèche, chaudement
appuyé par Colbert, pour le zèle qu'il avait déployé dans
le procès, fut nommé à l'intendance du Bourbonnais, à la
place d'un sieur de la Barre, dont on était peu satisfait (3).

(1) Pommereu à Le Tellier, 10 février 1660. Pièce justificative XXV.
(2) Bibl. nat. ms. fr. 6898, f° 55, Séguier à Le Tellier. Paris, 6 février 1660.
(3) *Lettres de Colbert*, I, p. 402, 403, et lettre de Pommereu.
Pièce justificative XXIV.

Colbert remercie plusieurs fois Mazarin, dans sa correspondance relative à cette affaire, ce qui prouve qu'il ne fut pas oublié non plus ; mais sa plus grande récompense fut d'être désigné au roi par le cardinal, comme l'un de ses plus intelligents et plus dévoués serviteurs.

Quant au cardinal, il avait reconquis, par la signature de la paix, l'estime de la grande majorité des Français dont la haine, jadis, obligeait l'Italien à se cacher et le vouait à la mort.

Pour être impartial, il faut cependant signaler une note discordante. Elle émane d'un gentilhomme aussi habile à manier la plume que l'épée, élégant causeur, poète épicurien, petit fils de Montaigne pour le scepticisme comme il est, toute proportion gardée, l'aïeul de Voltaire pour l'esprit. Nous avons nommé Saint-Évremond.

Cet ancien lieutenant de Condé, dont l'humeur se portait aisément vers la satire, s'avisa d'en écrire une contre le tout-puissant cardinal, sous la forme d'une lettre au maréchal de Créqui sur la paix des Pyrénées. Il y prétend prouver que le cardinal sacrifiait l'honneur de la France à ses intérêts particuliers, et qu'il n'avait fait une paix désavantageuse que pour s'approprier des sommes immenses et des biens territoriaux considérables. Il y raille, en apparence, les raisons que la France pouvait alléguer contre la conduite extérieure de Mazarin, et feint de les combattre victorieusement en révélant les motifs de politique intérieure qui contraignirent le cardinal à signer le traité :

« Ils ne diront pas, répond-il ironiquement à de prétendus adversaires, que le cardinal de Retz avoit fait un voyage en Flandre, d'où il étoit sorti si secrettement qu'on n'avoit jamais pu découvrir le lieu de sa retraite.

« Ils tairont malicieusement qu'Annery, ce premier

mobile des assemblées, alloit et venoit de nuit chez les
gentilshommes du Vexin ; qu'on avoit rencontré proche
de Hedin Créqui-Bernieulle ; que Gratot, le Montrésor des
provinces, avoit tenu à Coutances force discours politiques sur le bien public.

« Ils tairont que Bonnesson armoit les Sabotiers de
Sologne, et donnoit de la chaleur à ce dangereux parti,
qui se formoit contre l'État (1). »

Peut-être y a-t-il quelque vraisemblance dans la fine
satire de Saint-Évremond, mais il ressentit cruellement
que, suivant un adage vulgaire, toute vérité n'est pas
bonne à dire. Cette lettre, écrite seulement pour des
intimes, fut confiée par son auteur, à la veille d'un voyage,
avec quelques autres papiers enfermés dans une cassette, à la maîtresse de Fouquet, Mme du Plessis-Bellière,
mère de la maréchale de Créqui. A la chute de Fouquet,
l'on mit les scellés chez plusieurs de ses amis, et l'on
trouva la cassette chez Mme du Plessis. Colbert et Le Tellier firent lire au roi la satire de Saint-Évremond, et
Louis XIV ordonna d'enfermer le malicieux écrivain à la
Bastille. Prévenu à temps, il gagna la Normandie, puis la
Hollande. Il mourut à Londres en 1703, après un exil de
quarante-deux ans.

La part de la critique ainsi faite, il est juste de constater que l'éloge du cardinal était dans toutes les bouches.
Citons, en terminant, celui du chancelier Séguier, second
protecteur de l'Académie française. Le style serait digne
de cette savante compagnie : « Je compte, entre les bénédictions que j'ay receües de la divine bonté, de m'avoir
conservé la vie jusques à présent pour voir l'accomplisse-

(1) *Œuvres de Monsieur de Saint-Évremond*, par M. Desmaizeaux,
1753, I, p. 44. — Ce passage est défiguré par l'éditeur (A. Deleyre)
de l'*Esprit de Saint-Évremond*, 1761, p. 371.

ment de ce grand ouvrage de la paix. L'on ne scauroit assez admirer ny estimer les avantages qu'en reçoit la monarchie. Enfin ce grand personnage, que la fureur et la rage publique voulloit exterminer de la France comme la cause de sa perte, a esté l'instrument de sa félicité. Il fault luy souhaiter longues années, affin que, par sa sage et prudente administration, nous puissions recueillir les fruicts de ses travaux (1). »

De semblables vœux étaient formés par tout le pays ; ils ne furent pas exaucés. Le cardinal descendit au tombeau dans la nuit du 8 au 9 mars 1661, une année après Gaston d'Orléans, l'un de ses plus constants adversaires.

Mazarin, sur son lit de mort, eut, du moins, la suprême consolation de remettre entre les mains du souverain, qui avait eu assez confiance en lui pour le soutenir toujours contre ses adversaires coalisés, un royaume bien uni, après un siècle de luttes intestines ; une France tranquille, dès qu'elle se sentait gouvernée par une main ferme et prompte à châtier les perturbateurs ; un peuple également préparé aux travaux de la paix et à de glorieuses conquêtes.

(1) Séguier à Le Tellier, pièce justificative XXIII.

PIÈCES JUSTIFICATIVES

I

LETTRE DE SÉGUIER A LE TELLIER.

Monsieur, les deux vostres dernières m'ont esté rendues. Je
ne puis assez vous remercier des soings qu'il vous plaist prendre
de ce qui me concerne. J'attends la volonté du roy sur les prétentions de Monsieur le duc de Vendosme, et exécutteray les
ordres qui me sont prescrits, ne doûtant pas, après ce que vous
m'avez mandé des intentions de Son Éminence, que la dignité
de chancelier ne sera en rien préjudiciée. Je suis bien aise que
Monsieur le duc de Vendosme contribue ses bons advis sur les
occurrences des affaires qui surviendront, qui ne peuvent estre
que très-advantageux au bien du service du roy. Il est vray
que nous avons de la payne à nous assembler, Messieurs les
surintendants estants souvent à la campagne, en sorte que les
affaires qui demandent souvent une résolution prompte peuvent
estre remises. Je feray de ma part toutes les diligences nécessaires.

J'ay veu l'arrest que vous avez pris la payne d'envoyer touchant le débit des liards ; l'on en a adressé un autre que nous
avons signé ; il n'y a différence que de certains termes en l'exposé que l'on n'a pas jugé estre à propos de mettre ; l'on a réduit pour la réception des liards dans les payements à la vingt-
cinquième partie. J'estime, Monsieur, qu'enfin il fault supprimer

tous les liards qui sont altérez, en sorte qu'ilz n'ont tant de bonté que les doubles ordinaires. L'on peut dire que le commun du peuple en recevra grande perte, mais il est certain que si l'on perd par le descry, l'on gaigne d'un autre costé en ce que le peuple pourra, en vendant ses marchandises, recevoir de bonne monnoye, ce qu'il ne peust à présent. L'arrest que l'on publiera à présent donnera un peu de dellay d'y pourvoir ainsi que l'on jugera pour le mieux. Messieurs du Parlement (qui, veulent prendre cognoissance de toute chose) avoient eu la pensée de faire un réglement pour l'exposition des liards, et mesme de les descrier. Je représentay à M. Talon que la fabrication et le descry des monnoyes estoient de la seulle puissance et authorité royalle, qui n'estoit communiquée à aucune cour. Je croy que le Parlement ne passera pas plus avant pour prendre cognoissance de la révocation, mais bien qu'il pourra donner quelque arrest pour informer des contraventions.

Monsieur le mareschal de L'Hospital m'a présenté de nouvelles lettres d'abolition qui sont entièrement changées en la forme, qui est extraordinaire. Le roy, déclarant qu'il est plainement informé de ce qui s'est passé, veult que l'action demeure esteinte. J'ay trouvé grande difficulté en cette forme de lettre que l'on tireroit en exemple en autre occasion, proposant de les sceller en la mesme forme que les premières, sans aucun changement qu'en l'adresse.

Je ne manqueray, Monsieur, de donner connoissance au conseil de la part qu'il vous plaist me faire de ce qui se passera au siége de Dunquerque. C'est un grand advantage d'avoir passé les rivières; il y a apparence que la ville de Bergue ne résistera pas longtemps, et qu'en suitte Dunquerque tombera sous la puissance du roy. Il faut souhaiter que ce siége ne sera pas long, à cause du séjour de Sa Majesté dans Mardich, sa santé estant si précieuse.

Vous aurez sceu l'heureux succès des affaires traictées dans le collège électoral. Je voy que M. le mareschal de Gramont est fort content de son service avecq suject. Estant vray que jamais les affaires de la France n'ont esté portées à un si haut point qu'elles sont dans ce Collége, il faut espérer que les suittes ne seront pas moins heureuses et glorieuses ; c'est un grand advantage d'avoir arresté toute la puissance de la maison d'Austriche, en sorte que l'on n'a point encore procédé à l'esléction ; il y a peu d'exemples d'une pareille négociation.

L'on a publié une ordonnance pour faire sortir les gens de guerre ; la visite a esté faicte ensuitte par les commissaires, qui les pressent de se rendre à l'armée. Il se trouve que le plus grand nombre est de ces officiers réformez qui déclarent n'avoir aucun employ ; néantmoins j'apprends qu'ilz peuvent se joindre aux corps des régimentz et qu'ils auront une paye ; ainsy l'on peust leur faire commandement de se retirer dans les corps dont ilz sont retranchez.

Le souslèvement continue tousjours vers la Soulogne ; cela passe jusques en Berry. Je vous envoye, Monsieur, un mémoire de l'estat de cest affaire qui m'a esté envoyé par le grand prieur d'Auvergne qui est fort affectionné au service du roy. Il croit que ces mouvements sont soustenuz par quelque noblesse qui ne paroist pas encore. Il parle des grands vicaires du cardinal de Retz qui sont dans le Berry, qui ne demeurent pas dans les lieux qui leur sont ordonnez. Je croys qu'il seroit bien à propos de les envoyer en un lieu plus esloigné où ilz n'auroient aucune intelligence et ne pourroient faire aucun mal, et que l'on veillât à leur conduite. C'est ce que je vous puis mander, après vous avoir asseuré que j'ay toute la recongnoissance que je doibs des bons offices qu'il vous plaist me rendre, avecq asseurance que je suis avecq vérité, Monsieur, vostre bien humble et très-affectionné serviteur.

SÉGUIER.

A Paris, le 29° may 1658.

(Ce qui suit est de la main même de Séguier.)

Depuis ma lettre escripte, j'ay receu advis de la ville de Sully que le prévost de Chartres, qui avoit esté envoyé avec cent cavaliers pour s'opposer au souslèvement des paysans, a esté

contrainct de se renfermer dans la ville de Sully, où M. de
Sully avoit donné ordre de le recepvoir ...... à présent sont
dans l'obéissance, le mal augmente, et si l'on n'envoye quelque
régiment de pied, il pourra venir en tel estat qui sera difficile
d'y remédier ..... que Monsieur le maréchal de Clérambaut doibt se rendre dans son gouvernement, comme aussi le
marquis de Sourdis.

(Bibl. nat. ms. fr. 6894, fol. 68. — Le Tellier,
papiers d'État, vol. 15.)

II

EXTRAIT DES REGISTRES DU CONSEIL D'ÉTAT.

30 avril 1659.

Sur la requête présentée au roy en son conseil par les eschevins, manans et habitans de la ville et paroisse de Sully,
contenant qu'ayant esté entièrement ruinéz, tant par le siège
qui fust mis devant ladite ville l'année dernière, depuis le commencement du mois de may jusques au mois de juillet ensuivant, par deux mil habitans des paroisses circonvoisines, que
par les logements des gens de guerre qu'ils ont depuis soufferts,
lesquels ont pillé leurs maisons, enlevé et consommé tous leurs
bleds, vins, fourrages et bestiaux, et généralement tout ce
qu'ils possédoient, faict cesser pendant un longtemps leur commerce, les murailles et ponts de ladite ville ayant esté forcez et
rompus, et la récolte qui estoit apparente perdûe sans ressource, en telle sorte que la meilleure partie desdits habitans
s'estant veûe réduite à mendicité et dans l'impossibilité de
payer le reste de leurs tailles de l'année dernière 1658, au lieu
d'avoir eu quelque soulagement, par l'animosité secrette des

esleus de Gien, à dessein d'obliger les supplians à abandonner
leurs biens et leurs familles, ayans esté cottisez en l'année présente 1659 à la somme de 7,000 livres pour toutes tailles et
autres impositions au lieu de 6,258 livres à laquelle ils avoient
esté imposez l'année précédente, oultre ce par une commission
particulière du deux janvier dernier, encores esté taxez à la
somme de 1,324 livres 3 sols, y compris le sol pour livre pour
reste des tailles de ladite année 1658, nonobstant que les impositions ordonnées estre faictes en ladite eslection en l'année
présente ne soient que de la somme de 207,098 livres,
et qu'il y ait 50 et tant de mil livres de diminution de la
somme à laquelle ladite eslection auroit esté taxée en ladite
année 1658; et oultre ce ayans encores souffert une notable
perte par l'inondation de la rivière de Loire qui auroit emporté
les digues de ladite ville et causé de très-grands dégasts en
leurs héritages, ils auroient été contraincts d'avoir recours à Sa
Majesté et présenté requeste en son conseil, aux fins d'estre
deschargez de la somme de 2,700 tant de livres à laquelle se
peut monter ce qu'ils peuvent debvoir de reste des tailles et
autres impositions de ladite année 1658, pour ce qui est de la
présente année et les cinq suivantes d'estre fixea et réglez pour
toutes impositions à la somme de 1,500 livres pour chacune
desdites années.

Ledit sieur de Fortia ayant informé du contenu en ladite requeste des supplians, a rendu son advis le 22 mars dernier;
requéroient les supplians qu'il pleust à Sa Majesté veoir ledit
advis, et attendu que, par ladite information et procès-verbaux
des officiers du duché et pairie dudit Sully, il appert des grandes
pertes par eux souffertes pendant les mouvements de ladite
année 1658, et pour la garde et conservation de ladite ville au
service de Sa Majesté et ausdites causes ci-dessus, leur adjuger
leurs fins et conclusions.

Le roy, en son conseil, ayant aucunement esgard à ladite
requeste, a, conformément à l'advis du sieur de Fortia, conseiller de Sa Majesté en ses conseils, maistre des requestes ordinaires de son hostel, commissaire departy es généralitez d'Or-

léans et Bourges du 22 mars dernier, a deschargé et descharge
les supplians de la somme de treize cens vingt-quatre livres
trois solz à laquelle ils ont esté taxez pour le restant des tailles
de l'année dernière 1658, ordonné sadite Majesté que celle de
7,000 livres pour leurs tailles, quartier d'hyver et autres impositions de la présente année, demeurera réduitte à celle de
3,000 livres ; ce faisant, qu'ils demeureront deschargez des
4,000 livres restans, sans qu'ilz puissent estre augmentez et
taxez à plus grande somme de 3,000 livres pendant chacune
des trois années prochaines, soubz quelque prétexte que ce
soit ; et, en conséquence, faict sadite Majesté deffenses aux receveurs des tailles de l'eslection de Gyen de contraindre ny inquiéter lesdits supplians pour le payement desdites sommes de
1,324 livres 3 sols d'une part, et 4,000 livres d'autre, desquelles
ils demeureront deschargez envers les receveurs généraux des
finances d'Orléans en exercice l'année dernière et la présente,
et eux envers les trésoriers de l'espargne, et ce nonobstant la
clause de révocation des abonnements increez et à incréer es
commissions des tailles, à laquelle Sa Majesté a desrogé à l'esgard des supplians seulement, et qu'à cette fin toutes lettres
nécessaires seront expédiées. Faict au Conseil d'Estat du roy
tenu à Paris le trentiesme jour d'avril mil six cens cinquante-
neuf.

CAIETAN.

Au dos est cette mention : Arrest du Conseil pour la dé-
charge des tailles en 1659, après que la guerre des sabotiers fut
finie.

(Expédition sur parchemin, archives municipales
de Sully-sur-Loire.)

- 124 -

III

LETTRE DE SÉGUIER (1).

Monsieur, je ne double point que Messieurs les surintendants
n'ayent informé Son Éminence de la proposition faicte par M. le
duc d'Orléans de faire accorder aux paysans souslevés une abolition à condition de poser les armes et de mectre entre les
mains des prévostz ung de leurs chefz avecq ceux qui avoient
pillés les greniers à sel. L'on avoit jugé qu'en l'estat présent
des affaires, cest proposition pourroit produire ung bon effect,
et l'on avoit laissé au jugement de Monsieur le duc d'Orléans
l'ordre de l'exéqution; cella n'a pas réussy, et ces révoltez ont
fait response qu'ilz n'estoient plus en estat d'exéqutter ce qui
avoit esté proposé, tellement qu'ilz demeurent armez, faisant
beaucoup de désordres aux environs d'Orléans. Le fauxbourg
du Portereau c'est révolté et a pillé nombre de barques de sel.
Monsieur le duc d'Orléans, présent en la ville, s'est retiré à
Bloys, et le courrier qu'il envoye à Messieurs les surintendans
a dict en passant qu'il avoit trouvé la ville armée et les chesnes
tendues, l'on ne sçait encore à quel dessaing. Je croy que les
troupes arrivent jeudi.

Monsieur le mareschal de Clérambaut est en son gouvernement. Il pourra, avec ses trouppes, arrester le cour de ses
désordres. Le vice-bailly, qui estoit dans Sully, a faict une sortie pour avoir des vivres; il a esté assisté des habitans et du
canon du chasteau, en sorte qu'il a enlevé à la veue de ses révoltés trente muids de farine, et c'est retiré en suitte dans la
ville qui demeure dans l'obéissance. Ceux de la ville de Gien (2)

(1) Rien ne peut faire connaître à qui cette lettre est adressée. Ce
n'est, en tout cas, ni à Colbert, ni à Le Tellier, ni à Fouquet, désignés
dans le corps de la lettre comme tierces personnes.
(2) Séguier était comte de Gien.

m'ont escript qu'ilz ne recepvront personne dans leur ville et qu'ilz garderont leur pont que ces révoltés menaçoient de brusler; ainsy les troupes pourront passer, et seroit à désirer qu'il y eust des gens de pied, estant certain qu'ilz feroient plus d'effect que la cavallerie. Monsieur le mareschal de Clérambaut, qui est sur les lieux, sçaura bien se servir des trouppes que l'on envoye.

J'ay faict jusques icy ce que j'ay pu pour persuader Monsieur le mareschal de L'Hospital de consentir au renvoi de l'abolition accordée à son parent en un aultre Parlement que celluy de Grenoble, et s'est jeté sur l'absence de son parent; ses parties ne veullent pas présenter requeste pour avoir ung autre Parlement. Ainsi je n'ay pas eu moyen de rien ordonner, quelque soing que j'aye pris; j'espère néantmoings terminer l'affaire par autorité, puisque la raison a esté jusques icy inutille.

L'on a donné arrest qui a esté publié pour la réduction des liardz à un double; je croy que cella fera un bon effect, et qu'enfin l'on pourra, par degrés, les descrier entièrement. C'est ce que le publicq attend et désire.

J'ay faict dellivrer à Monsieur Le Tellier toutes les expéditions qu'il a désirées, après en avoir communiqué à Messieurs les surintendants et, pour facilliter l'exéquttion, j'ay différé à tenir le sceau quinze jours; mais enfin, l'expédition des affaires m'obligeant d'ouvrir le sceau, je l'ay tenu, ne pouvant différer davantage. Il ne tient pas à moy que cest affaire ne soit terminée. Monsieur Colbert a veu mon procédé, et que je n'ay rien obmis à faire réussir les taxes qui ont été faictes. Nous attendons de jour en jour la prise de Dunkerque, que je ne doubte point estre dans peu de jours. L'on dict que les ennemys ont mis toutes leurs troupes dans les garnisons. Si cela est, il fault que Dunkerque périsse, estant sans espérance de secours.

Monsieur le procureur général (1) se porte mieux, Dieu mercy; son mal a esté grand et a donné subject de crainte à ses

(1) C'est du célèbre surintendant Fouquet qu'il s'agit.

amis, et est à présent hors de danger. Je finis, vous assurant
que je suis, Monsieur, votre bien humble et très-affectionné
serviteur.

SÉGUIER.

A Paris, ce 26 juin 1658.

(Cette lettre est tout entière de la main de Séguier.)

(Bibl. nat. ms. fr., 6894, fol. 82. — Le Tellier,
papiers d'État, vol. 15.)

IV

SOULÈVEMENT DES PEUPLES DE SOULONGNE, QUI NE VOULOIENT PLUS PAYER DE TAILLES AU ROY NY D'IMPOSTZ.

29 juin 1658.

L'an 1658, le 29ᵉ jour de juin, à l'heure de vespres, arriva
en cete ville de Saint-Benoist-de-Fleury le régiment de Son
Altesse le duc d'Orléans, oncle du roy Louis 14ᵉ à présent ré-
gnant, avec le régiment du mareschal de Clérambaut et celuy
du marquis de Montosier, conduitz par le sieur de La Piloys,
soy disant lieutenant général pour le roy à la conduite desdites
troupes, lesquelles étoient composées de gens de pied et de
cheval, faisant en tout le nombre de 1,800 ou 2,000 hommes,
sans parler de quelque cent cavaliers conduitz par le vice-baillif
de Chartres, qui amena les susdites troupes en cete ville ; les
escortant jusques aux portes, et les voyantz entrées et logées, il
s'en retourna dans la ville de Suilly, d'où il étoit venu.
La raison de cet armement de guerre et arrivée en ce lieu
étoit pour mettre à la raison les habitants de Saint-Benoist
qu'on croyoit estre aussy des réveltez de Soulongne, à cause

qu'ilz avoient longuement fait la garde lors de la révolte de ladite Soulongne, crainte que les Soulignaux ne vinssent
dans ladite ville commettre quelque hostilité; mesme ledit vice-bailly de Chartres passant près la rivière de Loyre
pour aller se camper dans Suilly, afin de ranger ces rebelles,
ils sonnèrent le toxin en cete dite ville ; et, pour se venger
d'eux, ledit vice-bailly leur amena le sieur de La Piloys avec
ses gens qui, après avoir couché en ce lieu, dès le matin s'en
retournèrent, n'ayant trouvé aucune rébellion, sinon en Claude
Selland, Boutegourd et Coustelier, qui furent pris hors Saint-
Benoist, n'y demeurant plus, et emmenez, et ont été envoyez
aux gallères. Le tout s'en est allé en fumée et bien appaisé :
seulement ledit vice-bailly fait ses courses continuelles pour
faire payer les tailles aux partisantz qui luy fournissent 300 livr.
par jour pour entretenir sa compagnie.

F. Thomas Le Roy.

(Bibl. publ. d'Orléans, ms. 394 bis, II.)

LOGEMENT DES GENS DE GUERRE EN LA VILLE DE SAINT-BENOIST POUR FAIRE PAYER LA TAILLE AU ROY.

6 novembre 1658.

Du 6 novembre 1658, il arriva 200 hommes environ, tant de
pied que de cheval, en la ville de Saint-Benoist-de-Fleury, sur
les quatre heures du soir, conduitz par le sieur de Sainte-Agnez,
lieutenant des archers du vice-bailly de Chartres, commis et
employé par les receveurs des tailles de l'élection et généralité
d'Orléans, qui luy payent 300 livres par jour, appellez par le
vulgaire maltôtiers et partisants, veu qu'en effet à présent, dans
le royaume, elles sont en party, qui est un grand malheur pour
le pauvre peuple qui, par ces inventions, est entièrement ruiné

et misérable. Ledit de Sainte-Agnez'étant arrivé, il se fit apporté le roolle desdites tailles de la paroisse dudit Fleury, et envoya 3 à 3, 4 à 4, de ses gens ches les particulliers habitans qui n'avoient payé leur taxe ; et aussy tost qu'on avoit payé entre les mains d'un receveur commis suivant les troupes, on donnoit un billet portant quittance, lequel veu, les soldatz deslogeoient diligemment et alloient chez un autre qui n'avoit payé, et ainsy successivement, tellement que le samedy en suivant ledit de Sainte-Agnez deslogea après avoir rendu bons payeurs ces pauvres gens, et receu 9 ou 10 mil livres, et vescu à discrétion. Il alla en une autre paroisse en faire de mesme. Cete pauvre paroisse de Flory paye 13,000 livres cete année de 1658. Elle a été diminuée de 5,000 à cause de ceux qui ont quité, montant à plus de 200 mesnages. Elle en payoit l'an dernier 1657 18,000, tellement que la taille égalle le revenu de l'abbaye ou peu s'en faut, et si cette misère continue, Messieurs les bourgeois de la vénérable ville de Saint-Benoist seront contraints de quitter le pays pour conserver leur braveries, ou bien de quitter leur dites braveries pour amasser de quoy payer les tailles au roi. Enfin ces afflictions, meslées avec plusieurs autres considérations, sont causes qu'ils ne font pas un si grand mespris des religieux de la congrégation de Saint-Maur, établis en l'abbaye dudit Saint Benoist dès le 24 juin 1627, qu'ils disoient, dans leurs assemblées faites contre lesd. religieux, estre leur. Nostre-Seigneur enfin deffend les siens. Et je le prie d'eux, et de nous, en prendre un soin particulier pour ce que nous sommes en un siècle bien pervers.

J'ay fait cete remarque le 14e dudit mois de novembre 1658.

F. Thomas LEROY.

(Bibl. publ. d'Orléans, ms. 394 bis, II.)

V

Après avoir donné advis à Monsieur le marquis de Sourdis, gouverneur de la province, de la licence dans laquelle vivent les gens
de guerre, qui a monté à un tel excès que nous ne voions d'ores
en avant plus de seureté ny pour nos fermiers pour cultiver et
labourer nos terres, ny pour nous-mesmes, qui sommes à la
veille d'estre attaquez et pillez dans nos maisons, ainsi que
nous en avons desjà des exemples ; et nous ayant esté permis, par
mondit sieur, de nous assembler, pour ensemble résoudre des
moyens que nous devons tenir pour empescher lesdits désordres. Suivant ladite permission qu'il a donnée par escrit à Monsieur de Mihardoûin, député de nostre part vers luy pour cet effect,
nous nous sommes assemblés au lieu de Termigny (1) et signé
l'union que nous nous promettons et jurons les uns aux autres,
de secourir ceux qui se trouveront attaqués par lesdits gens de
guerre et, pour empescher le désordre qui pourroit s'y glisser
touchant le commandement, avons d'un commun accord eslu
Monsieur de Bagnos pour capitaine, Monsieur de Viabon pour
lieutenant, Monsieur Dautere pour enseigne, Monsieur du Marteau pour mareschal-des-logis, auxquels chascun obéira comme
à ses véritables officiers, et en cas que quelqu'un fût réfractaire,
nous nous obligeons tous de leur prester mainforte, et les décla-
rons dignes de blâme s'ils avoient dit aucune parole de quelqu'un
qui se prétendroit estre offensé d'eux touchant le commandement.

Et ensemble leur donnons plein pouvoir d'accommoder les
querelles qui pourroient naistre dans nos marches et assemblées,
et avons escrit cecy sans aucune distinction de rang et de qua-

(1) Terminiers (?), canton d'Orgères, arrondissement de Châteaudun
(Eure-et-Loir).

9

litez, et protestons de nous unir aux autres bailliages et les faire
venir à notre union. *Ainsi signé* : Desbordes, Viabon (1),
Martaus, Marpas, Gidy (2), Depreaux, de Montvilliers (3), Li-
planté (4), Villeprovost (5), Dorville, Richeville, La Carrée (6),
Germignonville (7), de Frouville (8), de Cambray (9), Ville-
gontar (10), Miardoin (11), Doyson (12), de Fauville (13), Menin-
ville (14), Dauteire, Cotainville (15), Lumeau (16), Bagnos (17),
de Janvry (18), Gaspar Le Maire, Doneux, Danganville (19).

(Copié sur l'original étant entre les mains de M. le
baron de Réveillon, à Orléans (par D. Polluche). —
Bibl. publ d'Orléans, ms. 435 *ter*, fol. 360.)

(1) Viabon, canton de Voves (Eure-et-Loir). Il est député de la noblesse
de l'Orléanais pour les assemblées de 1659.

(2) Gidy, canton d'Artenay, arrondissement d'Orléans (Loiret).

(3) Montvilliers, commune de Denonville, canton d'Auneau (Eure-et-
Loir).

(4) Luplanté, canton d'Illiers (Eure-et-Loir).

(5) Villeprévost, commune de Tillay-le-Péneux, canton d'Orgères, arrondissement de Châteaudun (Eure-et-Loir).

(6) La Carrée, commune de Trancrainville (Eure-et-Loir), appartenait à
la famille de Tarragon. (Ban de la noblesse de l'Orléanais, 1689.)

(7) Germignonville, canton de Voves (Eure-et-Loir).

(8) Frouville, canton de Marchenoir (Eure-et-Loir). Cf. pièce justificatives XVI.

(9) Cambray, commune de Germignonville (Eure-et-Loir).

(10) Il se trouve à l'assemblée de Liéru (cf. pièce justificative XVII)
comme député de l'Orléanais.

(11) Mihardoin, commune de Bazoches-les-Hautes (Eure-et-Loir).

(12) Orson, canton d'Outarville, arrondissement de Pithiviers (Loiret).

(13) Un gentilhomme de ce nom figure parmi ceux de l'Orléanais. (Ban
de 1689.)

(14) Menainville, commune de Baignolet, canton de Voves (Eure-et-
Loir).

(15) Commune de Chatenay ou d'Ouinville-Saint-Liphard (Eure-et-Loir)

(16) Lumeau, canton d'Orgères (Eure-et-Loir).

(17) Baigneaux, canton d'Orgères (Eure-et-Loir).

(18) Un gentilhomme de ce nom figure parmi ceux de l'Orléanais. (Ban
de 1689.)

(19) Engenville, canton de Malesherbes, arrondissement de Pithiviers
(Loiret).

V I

LETTRE DE POMMEREU A LE TELLIER.

A Paris, ce dimanche au soir, 27 juillet 1639

Je viens présentement d'estre adverti que le prévost du Perche a enlevé trois pièces de canon de la maison du sieur du Peray, mais qu'ayant voulu y establir garnison, on n'auroit pas voulu le soufrir, n'y ayant point d'ordre exprès du roi pour le faire, et mesmes Madame du Peray a publié que vous aviés escrit à un des secrétaires des commandements de Monsieur le duc d'Orléans que vous n'aviés deslivré aucun ordre que celuy d'enlever l'artillerie, et qu'au reste on estoit content au sieur du Peray, et qu'il ne seroit plus recherché à l'advenir pour sa conduite passée. Pour moy, j'avois escrit que, dans sa maison comme dans les autres, il falloit establir garnison, sans faire réflexion qu'il eust esté oublié dans les ordres qu'il vous a pleu m'envoyer, et effective- ment il est le plus coupable du pays; on a trouvé des lettres séditieuses de luy, et nos dernières informations, l'interrogatoire du notaire le chargent très-fort, en sorte que si l'on faisoit quelque distinction de sa personne pour le mieux traitter que les autres, ce seroit à mon sens quelque chose assés de consé- quence pour la suitte. J'adjousteray que sa femme a faict toutes les façons pour baisser les ponts-levis à l'arrivée du prévost et qu'elle ne l'a voulu laisser entrer que luy seul avec son greffier. J'ay creu estre obligé de vous escrire ces particularités devant vostre depart, affin que je reçoive vos commandements sur ce sujet, et que si vous jugés qu'il faille une garnison, vous me fassiés expédier les ordres nécessaires. Il y a deux décrets de prise de corps contre luy par arrest du grand conseil, et c'est un des premiers que Son Eminence avoit eu dessein de faire arréster. Je vous supplie aussy très-humblement de me faire

savoir si vous ne trouverrés pas mauvais que l'on lève la garnison
du sieur du Candal; il est prisonnier au Fort-Levesque, et appa-
remment après son interrogatoire il sera eslargi. Ainsy, dans les
règles, ses biens et sa maison doivent estre libres. Je feray sur
tout cela ce que vous m'ordonnerez, et vous donneray en toutes
occasions des marques de ma soumission et de mon obéyssance
à tout ce qui vient de votre part, estant avec le plus grand respect
du monde vostre très-humble et très-obéyssant serviteur.

DE POMEREU.

(Bibl. nat. ms. fr. 6895, fol. 140. — Le Tellier,
papiers d'État, 16.)

VII

LETTRE DE MAZARIN A LE TELLIER.

A Saint-Jean-de-Luz, le 9 aoust 1659.

Cette lettre vous sera rendüe par un officier de mon régimen
de la Fère qui, par un pur motif du service du roy, et de ce qui
peut estre de mon intérest, particulier auquel il est tout à fait
attaché, est venu icy pour me donner advis que ces gentilshommes
de Normandie et d'autres provinces, qui ont desjà fait diverses assemblées, continuent toujours leurs cabales, et ont fait partir environ le 15 ou 16 du passé les sieurs de Bonnesons et de Laubarderie, qui sont les mesmes qui ont desjà fait un autre voyage à
Bruxelles pour aller trouver M. le prince et le marquis de
Caracène, et je croy aussy le cardinal de Rets, quoyqu'il ne me
l'ayt pas dit (puisque D'anery est un des principaux acteurs dans
cette affaire), afin de concerter avec eux les moyens de l'exécution
de ce qu'il a projetté de faire pendant l'absence du roy ; ils
devoient estre de retour à Paris le 22e juillet avec tous les ordres

et les instructions qui leur pourroient estre nécessaires. Il dit
que l'union est plus considérable qu'on ne croit, estant composée
de plusieurs gentilshommes de Normandie, Poitou, Bourgogne,
Nivernois, Touraine, Orléannois, Anjou, Le Vexin, Picardie,
haute et basse Marche, Bourbonnois et Limosin, qui ont encore
des correspondances dans d'autres provinces, et se tiennent
prests de monter à cheval aussytost qu'on leur fera savoir que
les choses seront en estat de lever le masque. M. le comte
d'Harcourt continue toujours à estre leur chef, comme je vous ay
desjà mandé qu'on m'en avoit donné advis, et il a mesme dit
qu'il avoit eû grande peur d'estre arresté lorsque vous luy
parlastes en dernier lieu et qu'il avoit payé de hardiesse. Ils
prétendent estre appuyez par le Parlement de Dijon, et par
quelques particuliers de celuy de Roüen et mesme de Paris. Il
vous informera de toutes choses encore plus en détail, dont vous
prendrés la peine de rendre compte au roi, et il les a apprises
par un nommé Neufvy, qui est des principaux de la cabale, et
fort considéré parmy eux, lequel ayant crû que leur union
n'alloit qu'à faire des remontrances à Sa Majesté pour les intérests de la noblesse, et non pas à rien entreprendre contre son
service, lorsqu'il a veû qu'on a député lesd. gentilshommes à
Bruxelles, et qu'on méditoit de troubler l'État, il a résolu de ne
tremper point dans le crime, et a envoyé quérir cet officier
exprès à Saint-Venant, pour le prier de venir m'informer de tout
ce que dessus. Et comme il paroist tousjours uni avec les autres
et qu'il sçaura le lieu où seront lesdits sieurs de Bonnesons et
de Laubarderie et le succès de leur voyage, je croy qu'il est important, si le roy le juge à propos, que vous envoyés sans perte
de temps cet officier à Paris, l'adressant au sieur Colbert, par le
moyen de qui vous aurez correspondance avec luy, afin qu'il
puisse avoir les assistances nécessaires pour se saisir, en cas de
besoin, de la personne et des papiers desd. Donnesons et Laubarderie, et d'autres qu'on pourra atraper. Et il ne faudra rien
oublier pour tirer d'eux la connoissance de tous les projets de
cette cabale et le nom de ceux qui la composent, et qui auront
signé une si belle union. Vous pourrez luy ordonner ce que vous

jugerez à propos sur tout cecy, et instruire en mesme temps le sieur Colbert de ce qu'il aura à faire, luy envoyant les ordres nécessaires pour faire arrester ceux que l'on pourra et, si le roy le trouve bon, on pourroit aussy luy mander de conférer de tout avec M. le procureur-général et mesme avec M. de Pommereuil, maistre des requestes, pour les choses dans lesquelles il pourra agir.

Je vous prie d'appliquer de la bonne manière à cette affaire ; car, quelque chose qui puisse arriver, j'estime de la dernière importance, pour le service du roy et pour le soustien de son authorité, d'avoir moyen de faire un exemple ; car il y a longtemps que cette affaire dure sans que toutes les diligences qu'on a faites pour attraper quelqu'un de ces brouillons ayent pû produire aucun effet, ce qui les rend plus hardis et plus capables d'exécuter ce qui leur sera proposé à Bruxelles, et particulièrement par le cardinal de Rets, à quoy contribüera encore beaucoup l'absence du roy de Paris, ne devant pas aussy estre mis en doute que le comte de Harcourt ne fasse pis que jamais, ayant le mesme esprit qu'il avoit à Royaumont, et estant aussy mal conseillé qu'il l'a esté par le passé ; sur quoy j'oubliois de vous dire que ce gentilhomme asseure aussy que son voyage en Bourgogne estoit pour cabaler la noblesse, et particulièrement ceux du Parlement, qu'on s'imagine estre disposé à embrasser tous les partys imaginables pour se venger du traitement qu'il a receu, ayant oublié les fautes qu'il a commises et pour lesquelles le roy devoit encore faire esclater davantage sa juste indignation.

Et sur le sujet de la Bourgogne, et de ce Parlement, il est bon de se souvenir que M. le prince y a quantité de partisans tous presls de le servir s'ils voyoient jour à le pouvoir faire utilement.

Je vous ay desjà escrit ma pensée touchant le comte d'Harcourt, et que je serois pourtant bien aise d'en scavoir votre sentiment avant qu'on l'exécutast. Mais dans la disposition où sont les choses, mon advis est que, pour peu qu'on y voye de nécessité, le roy luy envoye ordre de se rendre en quelque lieu auprès de sa personne.

Le Cardinal MAZARIN.

— 135 —

Au dos : Pour Monsieur Le Tellier.

M⸍ le cardinal, du 9ᵉ aoust 1659. Receue à Melle le 13 par un officier du régiment de La Fère.

(Bibl. nat. ms. fr. 6895, fol. 184. — Le Tellier
papiers d'État, vol. 16.)

VIII

LETTRE DE POMMEREU A LE TELLIER.

A Paris, ce 16ᵉ d'aoust 1659.

Monsieur,

Je me sens obligé par debvoir et par respect de vous rendre compte des choses qui se sont passées en exéqution des ordres que vous m'avés faict l'honneur de me donner à vostre départ de Paris. Les trente hommes de Rambures n'ont pas manqué de se rendre à Evreux au commencement de ce mois, et ont depuis esté séparés dans les deux maisons de Dannery et dans celle du nommé des Sablonières. Ce dernier s'estant ensuite représenté au grand conseil, et m'ayant faict entendre que s'il pouvoit obtenir la levée de sa garnison, qu'il descouvriroit de bonne foy les desseins que Dannery luy avoit confiés, j'ay creu debvoir proffiter de cette occasion, laquelle effectivement a si bien réussi que la preuve de toutes ces cabales s'est trouvéa par ce moyen tout à faict esclaircie, ce qui a faict que l'on a osté les dix soldats de ce gentilhomme, qui ont esté laissés pour quelques jours avec dix autres de leurs compagnons à Escorpin, jusqu'à ce que les mesures eussent esté prises pour les mettre dans le Champ-de-Bataille qui appartient au comte de Crecqui (1). J'ay depuis

(1) Créqui possédait aussi le petit château-fort de Cléry, près Péronne, qui fut rasé. (Pièce justificative XV.)

quelques jours donné un mémoire à M. Colbert, qui me l'a demandé pour l'envoyer à Son Eminence, dans lequel j'ay marqué fort exactement le destail de ce qui s'est passé dans son esloignement et l'estat aujourd'huy où l'affaire est réduite. Il y a décret de prise de corps contre trente-cinq gentilhommes dont huict ou dix sont de Normandie, et les autres du Perche, Dunois, Vendosmois et Sologne. Il y a garnison dans douze maisons pour le moins, et tous les biens des uns et des autres sont saisis et annotés. La contumace de Crecqui, Dannery, Moulin-Chapel et Bonnessons est la plus advancée et tantost preste à juger, en sorte que je prévois que tous ces messieurs auront de la peine à se rassembler. Ce n'est pas que depuis quinze jours mes advis ne portent que Crecqui a eu conférence avec plusieurs députés des bailliages de Normandie chés le sieur de Tourailles, lieutenant des gendarmes de M. le comte d'Harcourt. L'on m'a aussy mandé que Neuvy, qui est un des députés du Dunois, avoit passé à Royaumont et en Bourgogne, et Lézanville en Flandres. Quelques uns d'entre eux ont semé qu'en ce mois d'aoust il y auroit quelque nouvelle entreprise, et un gentilhomme est venu dire au lieutenant-général d'Evreux que s'il retournoit en Basse-Normandie exéquter quelqu'ordre du roy contre aucun du pays, qu'il l'advertissoit en amy que douze cent chevaux luy tomberoient sur les bras, et que asseurément il seroit chargé. J'estime pour moy que ce sont des menaces de fanfarons qui ne scavent plus où donner de la teste, et dans l'esprit desquels il se remarque une crainte très-visible. Je ne doute pas que les chefs ne taschent à faire quelque ralliement, mais la plus-part sont embarassés par les procédures que je continûe exprès dans la Basse-Normandie, où mesmes, dans la conjoncture de la foire de la Guibray, à laquelle la noblesse du pays a coustume de se rencontrer, je fais publier qu'un commissaire marche pour informer contre ceux qui ont participé aux factions passées, affin de retenir tout le monde dans son debvoir par la terreur et par l'exemple des autres qui sont poussés par la justice. Voilà, Monsieur, ce qui regarde la noblesse, et dont j'ay creu vous debvoir informer après la permission que vous

m'avés donné de le faire la dernière fois que j'ay eu l'honneur
de vous saluer (1). . . . .

Je seray toute ma vie, Monsieur, vostre très-numble et très-
obéyssant serviteur.

De POMEREU.

(Bibl. nat. ms. fr. 6895, fol. 243. — Le Tellier,
papiers d'État, vol. 16.)

IX

BILLET DE COLBERT A LE TELLIER.

De Paris, 7 septembre 1659.

Monseigneur,

J'ay receu votre lettre dattée de Bourdeaux le premier de ce
mois; aussytost j'ay envoyé les depesches du roy à Messieurs les
intendans des générallitez de Normandie, Orléans et Touraine.
Pour ce qui concerne M. le comte d'Harcourt, vous serez surpris
d'apprendre qu'il n'a fait ny fait faire aucune instance pour avoir
de l'argent, et néantmoins luy et ses gens disent partout qu'il
partira dans peu de jours; et, nonobstant cette circonstance, ne
voyant pas que rien presse du costé de Normandie, j'ay pris
résolution de luy envoyer demain votre dépesche et d'expliquer
ensuite à M. le procureur-général l'intention du roy sur ce
sujet.

COLBERT.

(Bibl. nat. ms. fr. 6896, fol. 42. — Le Tellier,
papiers d'État, vol. 17.)

(1) La fin de sa lettre concerne l'exécution de l'ordre qui lui a été
donné de satisfaire M. et Mᵐᵉ de Retz pour les dettes de M. le cardinal,
leur frère, auxquelles ils sont obligés.

X

LETTRE DU DUC DE LONGUEVILLE A M. DE CHAMBINES (1).

Monsieur le lieutenant-général, j'ay receu voz lettres des
27 et 30 du mois passé, et la dernière du deuxième de ce mois,
par laquelle vous m'informez des nouveaux ordres que vous avez
receus d'aller en Basse-Normandie. Je n'ay point encor eu de
response positive à cause de l'esloignement de la cour. Et aussytost que j'en auray receu, je ne différeray point à vous les faire
scavoir. Cependant ce que j'ay à vous recommander particulièrement, et que je tiens estre entièrement du service du roy, est
que comme cette basse province a esté la première à se départir
de touttes les assemblées qui s'estoient faites et à se remettre
dans le devoir, vous ayez à agir dans cette commission avec tout
l'esgard et la douceur possible, cette conduite estant absolument
nécessaire pour le bien du service de Sa Majesté. Quant au gentilhomme nommé Digoville, qui est marqué dans une de voz
lettres, il y avoit eu ordre de l'arrester dez le temps que j'estois
en Basse-Normandie; mais comme il se justifia vers moy de
touttes les accusations qu'on avoit faites contre luy, et qu'il pro-
testa n'avoir jamais eu intention de rien faire qui pust desplaire,
je fis superseder (sic) led. ordre. Du depuis je n'ay point sceu
qu'il eust rien fait dont on se pust plaindre. Et je vous prie de
me faire scavoir s'il y a de nouvelles charges contre luy. En vous
asseurant tousjours de mon affection et de l'estime que j'ay pour
vous, et que je suis, Monsieur le lieutenant-général, vostre très-
affectionné amy.

HENRY D'ORLÉANS.

A Trie, 5 septembre 1659.

(1) Lieutenant-général d'Évreux. L'adresse de la lettre porte qu'il logeait
alors chez M. de Barlemont, procureur du roi à Argentan.

J'ajoute ce mot pour vous dire que voyant que les réponses que j'attends de la cour tardent beaucoup à venir, j'ay encor escrit à Paris sur les mesmes choses.

(Bibl. nat. ms. fr. 6896, fol. 29. — Le Tellier, papiers d'État, vol. 17.)

XI

LETTRE DE POMMEREU A LE TELLIER.

A Paris, ce 20ᵉ de septembre 1659.

Monsieur,

J'aprends, par la lettre que vous m'avés faict l'honneur de m'escrire, vos sentiments et ceux de Son Eminence sur le sujet des sieurs de Rochambau et d'Aupuy. Vous jugés bien que je ne manqueray pas d'agir dans ce qui regarde leur conduite suyvant ce que vous m'en ordonnés ; mais à l'esgard du grand conseil qui a décrété prise de corps contre ces deux gentilshommes et fait faire la perquisition de leurs personnes en la manière accoustumée, tout ce que je puis faire est d'empescher la continuation des poursuites et l'instruction de leur contumace. Leur crime est de s'estre trouvé à quelques assemblées depuis la déclaration, et je ne veois pas qu'ils ayent esté des principaux factieux. Depuis que Son Eminence est passée à Chambor, il ne paroist rien contr'eux, et le décret qui est intervenu est pour des choses qui se sont passées bien longtemps auparavant, et qui n'ont esté découvertes que depuis vostre dépant do Fontainableau. Je suis persuadé que vous estes bien adverti de tout ce qui s'est passé touchant toute cette noblesse, depuis la dernière fois que j'ay pris la liberté de vous en rendre compte, et, si je n'appréhendois vous importuner par mes lettres, je vous aurois informé des moindres particularités. Nous descouvrons tous les jours ceux qui ont esté les députés des provinces : il y a un nommé de Saint-Philbert et un autre, Leschasserie, pour le Poitou, et les sieurs de Thiene et de Bourguison, pour la Touraine, qui se sont beaucoup signalés. J'ay présentement une nouvelle procuration originale signée de six des plus coupables; il est difficile de mieux donner la chasse à tous ces réformateurs d'Estat que j'ay faict. Il y a encore dix ou douze gentilhommes de diférentes provinces contre lesquels je vais faire décréter au grand conseil, affin de les rendre ensuite vagabonds dehors de leurs maisons et de mettre garnison chés eux, surtout en Normandie, vers Falaise et Argentan, qui est le seul endroit où il y peut avoir encore de la semence de cabale. Crecqui ayant esté depuis peu en ces quartiers-là, tasche à recueillir quelques mescontents, et sa dernière conférence ayant esté avec les députés dans ce mesme canton chés le sieur des Tourailles, lieutenant des gendarmes de M. le comte d'Harcourt, j'ay envoyé un commissaire sur ses pas pour avoir des preuves et nous en servir à propos ; mais la Basse-Normandie est un peu épineuse, et je ne doibs pas vous celer que Monsieur de Longueville a voulu entrer dans le destail du dessein que l'on avoit d'informer et de mettre des garnisons. J'ay envoyé les lettres qu'il en a escrit avec assés de hauteur par lesquelles il favorise Crecqui en ce qu'il peut, et sur quelques changements de garnison qu'il a fallu faire, M. de Brienne luy en ayant faict part accause que c'estoit des soldats, il y a eu quantité d'allées et venües sur la prétention de l'attache de gouverneur, affin qu'il ne se passast rien dans la province sans sa participation, des lettres mesmes escrites à M. le surintendant pour retarder le voyage du lieutenant-général d'Evreux qui estoit le commissaire, et après tout des lacquais envoyés à Argentan, qui ont adverti la noblesse du pays, en sorte que je suis obligé par mon debvoir de dire nettement que ce que je veux faire de ce costé-là pour le bien du service est beaucoup traversé; cela néantmoins n'est pas capable de me rebuter, et j'espère vaincre toutes les dificultés. Le procès de Crecqui et Dannery est enfin en estat, et je pense que suivant les ordres que vous avés envoyé,

Monsieur le chancelier se prépare de présider le grand conseil
lors du jugement, qui sera la sepmaine prochaine. Cependant, depuis que Bonnessons, Lezanville et Laubarderie sont à la Bastille,
comme vous aurés sceu, nous n'obmettons rien de nos diligences
pour l'instruction du procès de Bonnesons; il faict jusqu'icy le
muet. Monsieur de Fortias réveille avec grande activité l'affaire
des Sabotiers de Sologne, dont ce séditieux estoit le chef. J'ay esta-
bli correspondance avec luy pour tout ce que l'on juge à propos de
ce costé-ci, sous vostre bon plaisir. Je pense que M. Colbert vous
aura escrit comme Laubarderie a respondu. Son interrogatoire
n'est pas encore fort important, quoyqu'il y ait quelques contra-
dictions sur lesquelles il y aura lieu de le presser. On a trouvé
dans un coffre qu'il avoit un baston d'exempt brisé. Mais le page
du roy, neveu de Bonnessons, que l'on a aussy arresté, dans son
interrogatoire devant le lieutenant criminel, a dit des choses qui
sont assurément de violentes conjectures contre des personnes
de haute qualité, qu'il y a longtemps que nous soupçonnons
d'avoir appuyé toutes ces folles pensées de noblesse. Vous scavés,
Monsieur, que depuis peu Son Eminence avoit envoyé plusieurs
advis certains des menées de tous ces brouillons, et ordre exprès
d'y veiller plus que jamais. On ne peut pas y donner plus de
soins que je fais en mon particulier ; j'ay l'advantage que Monseigneur le Cardinal a escrit icy qu'il en estoit fort satisfait, et
commandé que l'on me fist présentement une gratification de
mille escus. Je luy ay rescrit que le seul intérest que j'avois dans
toutes mes actions estoit celuy de luy plaire, et suis fort aise de
faire comprendre que j'agiray tousjours plustost pour l'honneur
que pour l'utile. Il ne me reste plus que de vous remercier très-
humblement des bontés que vous me témoignez, et de la protection que vous avés la bonté de me faire espérer dans les occasions. Je rechercheray toute ma vie à m'en rendre digne par mes
services très-humbles, par mes respects et mes obéyssances, et
de mériter la qualité de vostre très-humble et très-obéyssant
serviteur.

De Pomereu.

Monsieur, excusés mes grandes lettres ; ce sont des relations un peu amples.

Au dos : M. de la Bretesche Pomereu, du 20 septembre 1659.

(Bibl. nat. ms. fr. 6896, fol. 106. — Le Tellier, papiers d'État, vol. 17.)

XII

EXTRAIT DES REGISTRES DU GRAND CONSEIL DU ROY.

Veu par le conseil le procès criminel faict et parfaict à la requeste du procureur-général du roy, par deffault et contumace, a *[blanc]* sieur de Crequy-Berniville, Charles Dailly, sieur Dannery, *[blanc]* de Pommereuil, sieur du Moulin-Chapel, accuses et deffaillantz ; deffaultz à trois briefs jours obtenus par led. procureur-général allencontre desdits de Crequy, Dailly et de Pommereuil, es sept, quatorze et vingt-un juin et dix-sept juillet mil six cens cinquante-neuf ; déclaration du roy du mois de septembre mil six cens cinquante-huict ; arrests de vériffication et publication de lad. déclaration au conseil des sept et dix octobre aud. an ; lectre de publication d'icelle es baillages et présidiaux de Rouen, Evreux, Caen, Mente et Chartres des dix, dix-sept, vingt-un et vingt-quatre octobre, six novembre audit an ; charges et informations faictes par le prévost-général du Perche du troisiesme décembre audit an ; autres informations faictes par le lieutenant-général d'Evreux, des neuf décembre mil six cens cinquante-huict et deuxiesme janvier mil six cens cinquante-neuf ; procès-verbaux de perquisition desd. de Crequy, Dannery et de Moulin-Chapel et d'assignation au conseil en vertu d'icelluy des vingt-quatre, vingt-six et vingt-neuf avril audit an ; autres informations faictes par le lieutenant-général d'Evreux, des vingt-six et vingt-neuf avril, treizlesme may, quatre, sept et vingt-septiesme juillet aud. an; interrogatoires faicts à Gilles Lhermitte, sieur de Sainct-Denis (1), Henri Avrain, notaire, Charles de Lormeau, sieur des Sablonnières (2), Lancelot Lamiré, sieur du Boillé (3), des dix-neuf juin, quatre et dix-huict juillet, six et dixiesme aoust aud. an mil six cens cinquante-neuf; arrestz du conseil par lesquelz les deffaultz à trois briefz jours auroient esté déclarez bien et deuement obtenus pour le proffict d'iceux ; ordonne que les tesmoings ouys esd. informations et autres que le procureur-général du roy pour ce fera ouyr de nouveau, seront recollez sur leurs dépositions, pour led. recollement valoir coufrontation ; du deux aoust audit an, autre information faicte par ledit lieutenant-général d'Evreux en exécution desdictz arrestz du cinquiesme septembre audit an ; recollementz faictz par les commissaires députtez par le conseil des tesmoings ouys es informations faictes contre lesd. de Crequy, de Moulin-Chappel et Dailly, des onze, s·ize et vingt-neuf aoust, trois et vingtiesme septembre mil six cens cinquante-neuf; procurations d'aucuns des députtez de lad. noblesse, des huict febvrier et vingtiesme avril audict an; conclusions du procureur-général du roy. Dict a esté que le conseil a déclaré et déclare lesdictz de Crequy Bernieulle, Dailly, sieur Danery, et de Pomereuil, sieur de Moulin-Chapel, vrays contumax deffaillantz et deubment attaintz et convaincus d'avoir assisté aux assemblées de noblesse faictes auparavant et depuis la déclaration du roy du mois de septembre mil six cens cinquante-huict, faict des unions et associations tendantes à esmotion, souslèvement et rébellion contre l'authorité du roy, bien et repos de son Estat. Pour réparation de quoy les a iedict conseil condamnez et condamne d'avoir la teste tranchée sur un eschaffault qui à cette fin sera dressé en la place de la Croix-du-Tiroir, sy pris et apréhendez peuvent estre, sinon par figuré en un tableau contenant lad. exécution ; ordonne ledit conseil que leurs maisons seront abbat-

(1) Il y a plusieurs endroits nommés Saint-Denis en Eure-et-Loir.
(2) Commune de Dampierre-sous-Brou ou de Douy (Eure-et-Loir).
(3) Commune de Chapelle-Royale (Eure-et-Loir).

tues, desmolles et razées, et leurs boys de hautte fustaye coupez
à haulteur d'homme, et condamnez solidairement chacun à six
mil livres d'amande envers le roy, deux mille livres à l'hospital
général de cette ville de Paris et pareille somme appliquable en
œuvres pies, ainsy que par le conseil sera ordonné, et le surplus
de leurs biens déclarez acquis et confisquez au roy ou à qui il
appartiendra. Le présent arrest a esté mis au greffe dudict
conseil, monstré au procureur-général du roy et prononcé à
Paris le trentiesme jour de septembre mil six cens cinquante-
neuf, et prononcé publiquement à la porte des prisons du Fort-
Levesque de cette ville de Paris. Réitère ladicte prononciation
publique à la place de la Croix-du-Tiroir, où ladicte figure et
effigie a esté attachée suyvant ledict arrest qui a esté exécutté
en lad. place à l'esguar de ladicte effigie seulement, les jour et
an susdictz.

HERBIN.

(Expédit. sur.parch. Bibl. nat. ms. fr. 6896,
fol. 170. — Le Tellier, papiers d'État, vol. 17.)

XIII

LETTRE DE POMMEREU A LE TELLIER.

A Paris, ce 5 octobre 1659.

Monsieur,

Depuis la dernière lettre que j'ay eu l'honneur de vous escrire,
le grand conseil a décrété contre plusieurs personnes de qualité
qui se sont trouvées avoir part dans les cabales de la noblesse;
ce qui me paroist le plus de conséquence et me fait prendre la
liberté de vous le mander, est qu'il y a un adjournement per-

sonnel contre M. le marquis de Chandenier (1), cy-devant capitaine des gardes. Il a esté chargé d'avoir esté avec Dannery à
l'assemblée de Viévi et des Tesnières vers le mois de février, par
la déposition d'un seul tesmoin appelé Lancelot de Lamiré, sieur
du Boisle, lequel d'abord ayant dit le sieur Chandenier seulement,
sans le marquer davantage, je donné ordre de le faire expliquer,
ce qui a esté faict, et il a dict que le sieur de Chandenier dont il
avoit parlé étoit le frère de celuy qui avoit résigné l'abaye du
Petit-Cyteau à Blampignon. Cette remarque assez extraordinaire
sur le sujet d'un homme de la qualité de M. de Chandenier qui
pouvoit être distingué d'une autre façon est néantmoins très-vé-
ritable, en sorte que tous ses amys sont déjà fort en campagne
et se rescrient fort sur la calomnie. On a encores décrété contre
sept ou huit gentilhommes dont j'auray l'honneur de vous escrire
les noms au premier jour. Je vous demanderay cependant vostre
protection continuelle et la permission de prendre la qualité,
Monsieur, de vostre très-humble et très-obéyssant serviteur.

DE POMEREU.

(Bibl. nat. ms. fr. 6896, fol. 82. — Le Tellier,
papiers d'État, vol. 17.)

XIV

LETTRE DE POMMEREU A LE TELLIER.

A Paris, ce 11e d'octobre 1659.

Monsieur,

Suyvant la dernière lettre que vous m'avés faict l'honneur de
m'escrire, je vous envoye ce qui résulte des procédures tant

(1) V. sur Chandenier la lettre 169 de Colbert.

10

contre nos prisonniers que leurs complices qui sont absents, et quoyque les mémoires que j'en ay dressés ne soyent pas fort bien suivis, néantmoins je les crois exacts, en sorte que vous serés par ce moyen informé du dernier des'ail, et je m'asseure que voyant les interrogatoires que j'ay faict à deux gentilhommes, et le surplus de ce que j'ay marqué pour les cabales de Flandres, vous serés fort aise d'aprendre que nous n'obmettons rien pour obéyr à vos ordres et à ceux de Son Eminence. M. Colbert m'a pareillement chargé de vous envoyer l'arrest de condamnation contre Crequi et Annery, affin que s'il vous plaisoit vous peussiés faire dresser une commission pour raser les maisons. J'ay proposé de la donner au nommé Cuvilly, lieutenant du grand prévost, affin qu'il parust que ce fust la suite de l'exéqution des ordres du grand conseil dont la prévosté de l'hostel est subalterne. Vous jugerés sur le tout ce qui se debvra faire, et vous serés obéy, Monsieur, par vostre très-humble et très-obéyssant serviteur.

DE POMEREU.

Les créanciers de Crecqui, la femme et les enfants de Dannery demandent au grand conseil des deffenses pour empescher le rasement des maisons ; je pense que le grand conseil ne peut rien respoudre.

(Bibl. nat. ms. fr. 6896, fol. 203. — Le Tellier,
papiers d'État, vol. 17.)

XV

LETTRE DE CUVILLIER A SÉGUIER.

Du chasteau de Cléry, le 20 décembre 1659.

Monseigneur,

J'ay pris la liberté de vous escrire, suyvant l'ordre que vous m'avés faict l'honneur de me donner lorsque j'ay pris congé de vous en pariant de Paris, comme quoy je suis en possession du chasteau de Cléry, où en arrivant l'espouvante estoit si grande, ayant sceu que j'estois arrivé à Péronne, que les habitants des villages circonvoisins qui s'y estoient réfugiés, à cause que les trouppes estoient icy autour, se sont pillez l'un l'aultre et le chasteau en grand désordre; mesme du canon qui estoit dedans a esté enlevé la veille que j'y suis entré. J'ai commencé la démolition par une demye-lune, et à présent je suis à un espron où il y a bien de la peine à en arracher quelque chose. Mais aussitost que j'oray de la poudre, je feray faire des fourneaux pour la faire saulter. Il y a ici plus de travail que je ne croyes, le lieu estant bien fort, y ayant double fossé revestus. Je n'ay pas à présent grande assistance des communes ; mais j'espère, après que les trouppes seront passées, d'en avoir davantage. Je vous puis asseurer, Monseigneur, que je feray tout mon possible à exécuter les ordres du roy et la commission qu'il vous a pleu m'honorer, estant celuy qui est, Monseigneur, le plus humble et le plus obéissant de tous vos serviteurs.

CUVILLYER.

(Bibl. nat. ms. fr. 17395 — ancien 156, Séguier, — fol. 312.)

XVI

EXTRAICT DE L'INTERROGATOIRE FAICT PAR NOUS, DE POMEREU, MAISTRE DES REQUESTES, EN VERTU DES ORDRES DU ROY, A FRANÇOIS DE TACHERET, SEIGNEUR DE LA PAGERIE, GENTILHOMME DU DUNOIS.

Il résulte de l'interrogatoire dud. sieur de la Pagerie qu'il a veu le sieur de Bonnesons trois fois, scavoir une fois à Biche et deux fois à Clesle ; qu'estant allé vers le mois de janvier à Bische il y rencontra ledit sieur de Bonnesons qui se faisoit appeler le chevalier de la Mothe, et luy entendit demander au sieur du Perray qui estoit présent s'il avoit reçeu response de sa lettre qu'il avoit escrite à M. le prince de Tarante, à quoy ledit sieur du Perray respondit qu'il en avoit receu nouvelle, que c'estoit une chose faitte, et que l'on en estoit assuré, disant dans ces termes : « Il est à nous; il ne s'en peult plus desdire. »

Dit que ledit sieur de Bonnesons luy a confirmé audit lieu de Clesle que le prince de Tarante estoit des chefs de la noblesse, disant tout hault : « Le prince de Tarante sera avec nous ; il est des nostres. »

Qu'il a ouy dire la mesme chose aux sieurs de Lezanville, de Neufvy et de Chartres, et que c'estoit le sieur du Perray qui négocioit avec le prince de Tarante pour le lier avec la noblesse, et qu'il seroit fort bon pour la cavallerie.

Dit qu'ayant trouvé led. de Bonnesons une autre fois à Clesle, vers le mois de febvrier, ledit Bonnesons dist à luy, la Pagerie, que dans les premières assemblées ils résoudroient touttes choses, que bien tost après ils monteroient à cheval et qu'ils n'avoient besoin que d'officiers d'infanterie, et qu'ils trouveroient assez de soldats.

Dit de plus que les sieurs de Neufvy et la Quante l'ont assuré que ledit sieur de Bonnesons a négotié avec le comte de Saint-Agnan dans le mois de mars et d'avril dernier, pour l'ambarquer avec la noblesse.

Dit aussy sçavoir qu'en l'assemblée de Villequoy il fust arresté que tous les gentilshommes monteroient à cheval aussytost que l'armée du roy feroit un siége, et que les sieurs de Neufvy et de Frouville luy ont dit que, dans ladite assemblée, il y avoit un gentilhomme de la part de Monsieur le comte d'Harcourt, et que ledit Bonnesons avoit esté souvent veoir ledit sieur comte d'Harcourt à une abbaye.

Dit aussy qu'il a sçeu par les sieurs de Neufvy et de Lezanville, au mois de juillet dernier, que Monsieur le prince devoit

venir avec ses troupes d'un costé, et que Bonnesons devoit aller en
Flandres et avoit l'intelligence.

DE POMEREU.

Par mondit sieur, HENRIAU.

(Bibl. nat. ms. fr. 6896, fol. 210. — Le Tellier,
papiers d'État, vol. 17.)

XVII

EXTRAICT DE L'INTERROGATOIRE FAICT PAR NOUS, DE POMEREU,
MAISTRE DES REQUESTES, EN VERTU DES ORDRES DU ROY, A
SAMUEL DE FROUVILLE, ESCUIER, SIEUR DE L'ESPRONNIÈRE,
DEMEURANT PROCHE MARCHENOIR.

Il résulte de ses responces qu'il a assisté à deux assemblées,
la première au lieu dit les Tesnières ou de la Foüasnière, vers
le VIIIe febvrier, et la seconde au lieu de Villequoy, vers la fin
du mois d'avril.

Que dans l'assemblée des Tesnières il y a veu les sieurs Dannery, de Crequi, Bonnesons, Vieuvi, Lezanville, du Perray, de
Tiennes, Bourguison et le petit Montigni, tous lesquels ont esté
pareillement à l'assemblée de Villequoy, dans laquelle se sont
trouvez aussy les sieurs des Tourailles, Digovilles (qui est borgne)
et des Essarts.

Que la résolution de l'assemblée des Tesnières fut que les
députtés prendroient de nouvelles asseurances chacun de leur
province, pour faire monter le plus de monde que faire se pou-
roit à cheval.

Que dans celle de Villequoy chacun rendit comte de sa négo-
tiation, scavoir Vieuvy pour le Bourbonnais, Crequi et Tourailles
pour la Normandie, Bonnesons et Lezanville pour le Berry et la
Sologne, Bonnesons aussi pour la Bourgogne, Dannery pour le

Vexin, Neufvy pour le Dunois et le Chartrin ; et fut arresté que l'on ne feroit plus d'assemblée, mais que la noblesse monteroit à cheval lorsque les troupes du roy seroient occupées à un siége, ou que la cour seroit esloignée.

Que le sieur Digoville (lequel est borgne) estant dans ladite assemblée, après avoir escoutté tout le monde, prist la parolle et dist : « Messieurs, je suis icy envoyé de la part de la personne que vous sçavez, et en voicy son escrit, » dans lequel il y avoit : « Messieurs, j'accepte l'honneur que vous me faittes, et adjousterez mesme créance à ce gentilhomme, comme si c'estoit moy-mesme. »

Assure led. Frouville que cest escrit estoit signé de Monsr le comte d'Harcourt, qu'il l'a veü, et entendu lire tout hault, et dit qu'il estoit publié dans toutte lad. assemblée que c'estoit led. sieur comte d'Harcourt, lequel envoioit s'offrir, et qu'il fut mesmes arresté par lesdits députez que led. sieur comte d'Harcourt seroit remercié de la part de la compagnie.

Dit de plus que les députés, après avoir quitté ledit lieu de Villequoy, rachevèrent touttes leurs escriptures le landemain dans un cabaret qui est au lieu de Patté, dans lequel chacun porta la santé dudit sieur comte d'Harcourt audit Digoville, lequel signa plusieurs arrestez, comme se faisant fort dudit sieur comte d'Harcourt, et remit son escrit es mains dudit D'annery, secrétaire des assemblées.

Dit aussy que Bonnesons dist à la mesme assemblée qu'une personne de qualité de Berry assuroit quatre mil hommes ; chacun entendit bien que c'estoit M. le comte de Saint-Agnan, et que Bonnesons a dit luy-mesme souvent à lui, Frouville, que le comte de Saint-Agnan estoit bien intentionné pour la noblesse, et qu'il ne manqueroit pas de la secourir, et sçait que pour cet effet ledit Bonnesons a souvent veü led. sieur comte de Sainct-Agnan.

Dit aussy que ledit Bonnesons asseura les députez qu'il avoit veu la noblesse et le Parlement de Bourgogne.

Dit led. de Frouville qu'il a ouy dire au sieur du Perray et de Lezanville, il y a environ sept ou huit mois, qu'il falloit veoir la sieur prince de Tarante, et qu'il croit que le sieur du Perray, lequel a négocié dans le Poictou, a veu led. sieur prince, dont le sieur de la Pagerie luy a dit que l'on estoit assuré.

Dit aussy qu'il a oüy dire, par bruit commun, que Bonnesons estoit allé en Flandres ; lors de l'assemblée de Villequoy, il vit tous les députtez, qui disoient ensemble que le comte de Crequy iroit veoir M. le comte d'Harcourt.

Dit que depuis 15 jours un nommé Desjardins l'est venu chercher dans le pays, de la part et avec un billet des sieurs de Crequi et Dannery, qui mandoient à la noblesse qu'ils estoient prests de monter à cheval, si elle en vouloit faire autant, en faveur de Bonnesons et de Lezanville, et que ledit Desjardins luy dist que le Poictou avoit envoyé au roy pour l'assurer de sa fidélité.

DE POMEREU.

Par mondit sieur, HENRIAU.

(Bibl. nat. ms. fr. 6896, fol. 212. — Le Tellier,
papiers d'État, vol. 17.)

XVIII

EXTRAICT DE L'INTERROGATOIRE FAICT PAR LES SIEURS CHARPENTIER ET DE LESSEVILLE, CONSEILLERS DU ROY EN SON GRAND CONSEIL, A GABRIEL DE CHARTES, SIEUR DE LÉZANVILLE.

Il résulte de l'interrogatoire du sieur de Lezanville que, la première fois qu'il a commancé de se trouver aux assemblées de noblesse, ç'a esté le xxe juin ou 20e juillet 1658, où il fut avec le sieur de Neufvy au lieu de Lieru.

Dit que c'a esté le sieur de Bonnesons qui luy fit scavoir, et à plusieurs autres de la généralité d'Orléans, le lieu et le temps de lad. assemblée par le sieur de Viabon, gentilhomme de la Beausse ; à laquelle assemblée de Lieru ils rencontrèrent les

sieurs de Crequy, le Chastelier, des Tourailles, Varicarville,
d'Annery, de Royes, et autres au nombre de xvi, tous de la province de Normandie, et pour la généralité d'Orléans les sieurs
de Viabon, les nommés Puissieux, Villegontard, de Bonesons, de
Neuvy, un nommé Le Chesne de la forest d'Orléans et luy, Lezanville, où ils firent lire un résultat qui portoit (conformément à
la déclaration du roy, de la reine et de tous les princes du sang
de l'année 1651) qu'il estoit permis à la noblesse de s'assembler
touchant la conservation de leurs droits, immunitez et franchises
naturelles. Pourquoy ils se seroient assemblez pour demander
la convocation des Estats-Généraux, et pour cet effet qu'il seroit
députté quatre gentilshommes de Normandie et quatre de la gé-
nérallité d'Orléans vers son A. R. à Blois, pour le semondre de sa
parole et porter leurs plaintes au roy, comme leur ayant promis.
Le temps fut pris de se rencontrer à Blois au xvᵉ septembre, où se
trouvèrent les sieurs Dannery pour le Vexin, de Rouville et de
Basse pour Normandie, Diclon, Berangeville pour la généralité
d'Orléans, et les sieurs de Neuvy, Bonesons et luy, Lézanville,
et n'ayant pas trouvé S. A. à Blois, estant allée à Fontainebleau
trouver le roi, et scachans lesdicts députtez qu'elle estoit en
chemin pour aller à Orléans, ils s'acheminèrent à Baugency,
et de là à Meun, auquel lieu les sieurs de Rochambeau et de
Peré rapportèrent à eux dits députez que lad. Altesse ne vouloit
point les escoutter. Sur cela il fut arresté entr'eux députez que
l'on feroit scavoir à tous les gentilshommes du royaume le reffus
de S. A. R., et fut aussy arresté et pris jour pour s'assembler
au xvᵉ novembre ensuivant, et fut luy Lézanville chargé de le
faire scavoir aux députez, et leur mander de se trouver au lieu
le Levaré, pays du Mayne, à laquelle assemblée se rencontra
les sieurs de Crequi, Dannery, Moulin-Chappel, Varicarville,
de Royes pour la Normandie, les sieurs de Thiennes et Bourguison pour la Touraine, Bonesons et luy Lézanville pour la
généralité d'Orléans. Et à l'esgard des autres provinces, il ne
s'y trouva aucuns députés, mais seulement quelques assurances par lettres; a ouy dire que les députtez de la province de
Poictou estoient les sieurs chevalier de Saint-Philbert, Les-

chasserie et La Rochetoulais, que les sieurs Gratot et Marancé
avoient négocié l'union de la province d'Anjou avec la noblesse
de Normandie.

Qu'en ladite assemblée de l'Evaré chacun des députez des
provinces raporta l'estat de la province pour laquelle ils avoient
esté députez, de sa force, et de l'intelligence et liaison que chacun
avoit avec les autres provinces ; qu'il fut arrêté que l'on monteroit à cheval le xvᵉ janvier 1659, et pour cet effet que MM. de
Normandie s'obligèrent aux députtez pour la généralité d'Orléans
de leur amener et fournir un corps de mille chevaux pour faciliter et favoriser le raliement des provinces avec ladite généralité.

Que le sieur de Neuvy et luy Lézanville s'estoient obligez pour
la province d'Orléans de fournir un passage sur la rivière de
Loire, sçavoir Baugency ou Gergeau ; et en cas que la noblesse
ne pust monter à cheval au xv janvier, il fut fixé une assemblée
au 8 février 1659. Et cependant, que les députez verroient les
provinces voisines pour les unir, et fut luy Lézanville chargé de
fixer le lieu de lad. assemblée et faire sçavoir le temps aux députés, ce qu'il fit, et leur manda de se trouver au lieu d'Arrou
au Perche, et depuis les contremanda pour se trouver à Cloye,
où se trouvèrent les sieurs de Crequi et Dannery pour Normandie, led. de Crequi chargé de procurations pour les autres
députés de lad. province de Normandie qui n'avoient pu venir.
Pour la généralité d'Orléans estoient les sieurs de Bonnesons,
Ligny, et Lézanville et le sieur de Frouville, pour la Touraine
les sieurs de Thienne et Bourguison, qui estoient chargés de
lettres pour la noblesse de la Marche, et après que chacun
desdits députez eut fait raport de l'estat de sa province, et aiant
considéré que l'on estoit plus fort que jamais pour exécuter la
résolution où on estoit de monter à cheval, fut dit par Crequi
qu'il avoit en main une personne de qualité pour les gouverner
et estre leur chef, et ensuite Bonnesons parla et proposa M. le
comte d'Harcourt, lequel il avoit veu dans son voiage de Bourgongne, et reconneut que led. sieur comte d'Harcourt estoit dans
le sentiment de s'unir avec eux. Sur laquelle proposition lesd.
Bonnesons et Dannery furent députez pour l'aller trouver avec

procuration et pouvoir signé par six commissaires nommés par lad. assemblée, lesquels commissaires estoient lesdits sieurs de Créqui, Dannery, Bonnessons, Ligny, de Thiennes et luy Lézanville, et fut arresté une autre assemblée au xxe avril ensuivant, laquelle luy Lézanville fut encore chargé de faire sçavoir aux députtéz des provinces, ausquels députez il manda de se trouver à Voves en Beausse, proche Chartres, où plusieurs desd. députez se rendirent, et de là furent à Saint-Péravi, où les députez de Normandie se trouvèrent par le moien de Frouville qui les y amena. Et ensuite allèrent tous vers la forest d'Orléans, au bord de laquelle ils s'assemblèrent, où se trouva pour la Normandie Crequi, Dannery, Digoville, des Tourailles ; pour la Touraine de Thiennes, Bourguison ; pour la généralité d'Orléans les sieurs Ligny, Neuvy, Bonnesons, Frouville et luy Lézanville, où les sieurs Dannery et Bonnesons firent rapport d'avoir esté en Bourgogne, mais n'avoir trouvé le sieur comte d'Harcourt et avoir parlé à Cuisigny et Musigny, lesquels assurent que leur province ne seroit pas une des moindres pour seconder les intentions desd. gentilshommes.

Que lesd. Dannery et Bonnesons s'estans rendus à Paris pour l'exécution de leur commission vers M. le comte d'Harcourt, où ne l'aiants trouvé et sachans qu'il estoit à Royaumont, ils y allèrent le trouver, et furent conduits à x ou xi heures du soir ; tout le monde de la maison dud. sieur comte estant retiré, furent iceux Dannery et Bonnesons présentez par La Noue et Robert, secrétaires, aud. sieur comte d'Harcourt, auquel ayants demandé s'il estoit encore dans ce sentiment qu'il avoit tesmoigné, led. sieur comte leur dit que cela luy estoit à grand honneur ; et ensuitte fut fait un traitté, lequel portoit qu'il se lioit aux intérests de la noblesse et promettoit (en cas qu'il y eust aucun desdicts gentilshommes arrestés) de monter à cheval et faire touttes choses possibles pour sa liberté, lequel traitté led. Lézanville a veû et leû, et estoit signé : Henry de Lorraine. L'original duquel est demeuré entre les mains de Dannery, et duquel ledit Bonnesons a un double, et lesdits Dannery et Bonnesons ayans prié ledit sieur comte d'Harcourt d'envoyer quelqu'un de sa part à

leur assemblée, il envoia led. sieur Digoville, qui est borgne,
chargé de sa procuration qui fut leüe en lad. assemblée, et portoit pouvoir audit sieur Digoville d'assurer l'assemblée de sa
part, d'agréer et exécuter tout ce qui seroit résolu en lad. assemblée ; et y fut arresté qu'on n'en feroit plus aucune, sous la cer-
titude que l'on avoit de touttes les provinces, et fut fait trois députez généraux, scavoir les sieurs Dannery, Crequi et Digoville,
par acte qui fut escrit par led. Dannery, qui estoit le secrétaire
ordinaire des assemblées, et signé de tous ceux de lad. assemblée. Et fut arresté que lesdits trois députés généraux
verroient ledit sieur comte d'Harcourt pour aviser avec luy les
moïens que l'on tiendroit pour leurs affaires, et fut prié par
iceux députés de se retirer de Royaumont où il n'estoit pas en
sureté.

Que Bonnesons fut deputté avec luy Lézanville, avec un pouvoir par escrit, signé de six commissaires du xxɪɪ ou xxɪɪɪᵉ avril
1659, pour traitter tant avec la noblesse de Bourgogne qu'avec
le parlement de ladite province, avec les députtés qui estoient
en la ville de Paris, lesquels députés ne voulurent rien signer à
cause du bruit de la paix.

Que les députtés généraux firent scavoir à luy Lézanville que
le sieur comte d'Harcourt estoit toujours dans les sentimens de
lad, union et exécution de leurs desseins, et qu'il devoit partir
de Royaumont un vendredy de nuit; pour se rendre à Caën ou
au pont de l'Arche, où la noblesse de Normandie avoit inteligence,
et que Crequi y estoit allé pour le recevoir.

Que la lettre qui luy fut envoiée estoit escrite de la main de
Créqui, laquelle il brusla au mesme temps qu'il la receut.

Qu'il a signé le résultat de l'assemblée tenue à Lierû, laquelle
luy a esté representée et dont il a coppie qui est aussy signée de
tous les députtez qui y estoient,

Qu'il estoit de ceux qui ont esté à l'assemblée de Montmiral,
et que les résolutions se firent à Levaré, où les députtez travaillèrent toute la nuit dans une hostellerie dudit lieu, et que lad.
assemblée y avoit esté convocquée pour estre led. lieu de Levaré
situé dans le millieu des provinces de Poictou, Anjou et généra-

lité d'Orléans, et que les desnommés cy-dessus se trouvèrent à ladite assemblée.

Que Créqui disoit que les troupes que l'on leveroit ne seroient pas à la charge du peuple et qu'il fourniroit cent mille escus.

Qu'à l'assemblée de Levarré ledit Crequi nomma pour trésorier un homme de la ville de Rouen, riche de xx mille livres de rente, et en fut dressé et signé un acte et mis es mains de Créqui.

Que les députés généraux avec le sieur comte d'Harcourt disoient avoir du fonds pour leurs entreprises.

Que Du Peré a esté à l'assemblée de Cloye, et en passant luy Lézanville le prit en sa maison de René.

Que le corps d'une des procurations qui luy ont esté représentées pour le pais de Blaisois, Dunois et Chartrain est escrit de luy Lézanville, et signé de luy et des y soussignés.

Que les deux procurations qui luy ont esté représentées ont esté escrites au lieu de la Joüasnière (1).

Qu'il reconnoist le résultat qui a esté faict en l'assemblée des Tesnières, datté à Authon du 8ᵉ febvrier 1659, qui est escrit par luy Lézanville, et que l'original fut mis es mains de Dannery, secrétaire des assemblées.

Que Neuvy lui a dit qu'un homme luy avoit proposé M. de Guise pour entrer dans les intérests de la noblesse et la commander, ce qu'ayant esté proposé par luy Lézanville, on ne voulut l'escoûter, dans la pensée d'avoir le comte d'Harcourt.

Qu'il a esté fait proposition à M. le prince de Condé de se lier avec la noblesse, auquel aïant esté despesché un gentilhomme, ledit sieur prince fit partir aussitost le sieur de Coligny, et plusieurs autres avec deux ou trois cens mil escus d'argent, pour délivrer au sieur comte d'Harcourt et bailler à ses ordres aux gentilshommes des provinces qu'il jugeroit à propos ; mais la surceance d'armes d'entre les deux couronnes estans survenüe, ledit sieur prince renvoia un courier audit sieur de Coligny pour le faire retourner sur ses pas.

---

(1) Hameau, commune de Bonneval, arrondissement de Châteaudun (Eure-et-Loir), La Joinière sur la carte de l'état-major.

Qu'il fut donné une procuration signée de six commissaires pour donner au sieur de Roquesolle, pour faire signer l'union à la noblesse de la province de Languedoc.

Que la procuration qui luy a esté représentée est celle dudit Roquesolle, est escrite de la main de Thiennes, et qu'il l'a veüe signer par tous les y soubzsignez.

Qu'au mois de juillet dernier il rencontra en cette ville de Paris lesd. Neuvy et Bourguison, lesquels virent tous ensemble partir lesd. Bonnesons et Laubarderie pour le voiage de Bruxelles, vers M. le prince, pour s'unir avec M. le comte d'Harcourt aux intérests de la noblesse, où estans arrivez à Bruxelles, ledit Bonnesons fit compliment audit sieur prince de Condé de la part dud. sieur comte d'Harcourt, et luy porta parole ainsy qu'il avoit ordre dud. sieur comte, qu'icelluy désiroit se lier dans les intérests dud. sieur prince, paix ou guerre, et que comme premier prince du sang il estoit fort avantageux pour le corps de la noblesse qu'ils fussent unis, lesquelles propositions furent receües par led. sieur prince de Condé, lequel offrit dix mil hommes, et dit qu'il escriroit en France à tous ses amis qui sont en grand nombre, et des plus considérables, et des premiers de la cour, pour les obliger à se joindre au corps de la noblesse, et que sy la paix estoit rompüe, que l'on fist partir aussytost un homme pour traiter, et qu'il ne manqueroit ny de monde ni d'argent.

Que Bonnesons, chargé de ces paroles, revint avec Laubarderie à Paris pour parler à M. le comte d'Harcourt, lequel ilz ne trouvèrent à Royaumont, et rencontrèrent en lad. ville de Paris lesd. Neuvy, Bourguison et luy Lézanville.

Que Créqui a dit à luy Lézanville que le sieur de Matignon, lieutenant du roy en la province de Normandie, estoit engagé de foy, d'honneur et de parole dans les intérests de M. le prince, et offroit de livrer aud. sieur prince les places qu'il tenoit en Normandie, qui sont es ports de mer, entr'autres Cherbourg.

Que Bonnesons n'ayant pas rencontré en cette ville M. le comte d'Harcourt, résolut d'y envoyer son nepveu, nommé Jaucourt, page du roy en sa grande escurie, chargé d'une lettre de luy pour prendre jour affin de rendre compte aud. sieur comte d'Harcourt de son voïage de Bruxelles vers M. le prince, et ledit page estant allé chez Laubarderie prendre un cheval de loüage, où Bonnesons estoit, et luy Lézanville y estant aussy entré, ils furent au mesme temps conduits au chasteau de la Bastille.

Qu'il fut résolu, dans la forest d'Harcourt, vers le mois de juillet ou d'aoust dernier, que si on arrestoit quelques gentils-hommes prisonniers, que l'on useroit de représailles, et fut proposé de prendre M. Foûquet, surintendant, ou M. Le Tellier, secrétaire d'Estat, et que la facilité estoit grande de prendre M. le surintendant en allant à Saint-Mandé, avec résollution de leur faire le mesme traittement que l'on feroit aux gentilshommes qui seroient arrestés.

Qu'il se mit lui Lézanville en deffence en sa maison de Cléslé, le 25 de juin dernier 1659, lorsque le prévost du Perche voulut l'arrester prisonnier, où fut tûé deux de ses archers.

Que Neuvy luy a fait proposition de se saisir de la ville de Janville en Beausse, estant une place qui pouvoit servir de re-traitte au corps de la noblesse, et que l'on feroit contribuer jusques dans les portes d'Orléans et de Paris.

Que Bonnesons dist à luy Lézanville qu'il avoit veü M. le prince à Bruxelles; que led. sieur prince luy dist qu'il avoit veu M. le cardinal de Rets à Bruxelles ou à Cologne, et que, parlant des assemblées de la noblesse de France, led. sieur cardinal de Retz auroit dit aud. sieur prince de Condé que lorsque l'affaire seroit en estat, qu'il feroit prescher tous les curez dans la ville de Paris et autres lieux de son diocèze en faveur du party de la noblesse, ce qui ne nuiroit pas à leurs desseins.

(Notes de M. de Pommereu en tête et à la fin de cet extrait.)

Lézanville a esté interrogé quatre jours durant; son interrogatoire est très-long; c'est ce qui m'a empesché d'en faire l'ex-traict aussy court que j'aurois souhaitté pour ne point ennuyer M. Le Tellier.

Lézanville a esté confronté à Bonnessons et a persisté dans tous les points de son interrogatoire.

Il y a de plus dans cet interrogatoire que Bonnessons, au retour de Brusselles, rendit compte à Paris aux députés, et mesme
encore dans la forest d'Harcourt, la nuit, du succès de son
voyage et de sa négociation avec M. le prince.

(Bibl. nat. ms. fr. 6897, fol. 20 à 25. — Le Tellier,
papiers d'État, vol. 18.)

XIX

MINUTE D'UNE LETTRE DE LE TELLIER A COLBERT.

A Thoulouse, le dernier jour d'octobre 1659.

Monsieur,

La lettre que vous avez pris la peine de m'escripre du 22 du
courant m'a esté rendue le 28 ensuivant avec le mémoire qu'elle
accompagnoit concernant les affaires de la noblesse du royaume,
du contenu duquel j'ay rendu compte, en mesme temps, à Leurs
Majestez, qui ont trouvé bon que j'expédiasse les ordres pour
faire arrester le chevalier de S. Philippert et La Chasserie, et
une dépêche à M. le chancelier pour lui prescripre d'assembler
M. le mareschal de l'Hospital, le procureur général et le comte
de Brienne deux fois la sepmaine, pour adviser aux affaires qui
regarderont le service du roy et la tranquilité publicque, notamment les poursuites qui sont à continuer contre les nobles qui
ont assisté aux assemblées qui se sont tenues en diverses provinces du royaulme sans la permission de Sa Majesté, ce que
j'ay exécuté en adressant ce qui est de S. Philbert et de La
Chasserie à M. Pelot, et envoiant par cet ordre cy la dépêche à
M. le chancelier. C'est ce qui restoit à faire de ce que porte ledit
mémoire, car S. É. a parlé à M. Danctoville (1) fortement à

(1) Hanctoville, au t. I, appendice, p. 513 des *Lettres de Colbert*.

S. Jehan de Lux, et j'ay escript de mesmes par son ordre à
M. de la Croisette à l'occasion des deux lettres de M. de Longueville au lieutenant général d'Évreux, sur les procédures
qu'il faisoit contre d'Igoville et ceux de la Normandie qu'elle
m'a faict l'honneur de m'envoier en original ; sur quoy mondict
sieur de Longueville m'a faict ung grand esclaircissement par
une lettre qu'il m'a escripte pour me convier de rendre compte
au roy de sa conduitte et de luy faire cognoistre la sincérité de
ses intentions, à quoy j'ay respondu ce que j'ay deub pour le
conserver dans l'opinion qu'il a prinse de ce que j'ay mandé
aud. sieur de la Croisette que S. M. n'avoit pas subject d'en
estre satisfaicte. Je vous ay aussy envoié tout ce qui est nécessaire pour la démolition des maisons de Crecquy et Dannery, n'y
ayant pas comprins Moulin-Chappel, jusques à ce que j'eusse
d'autres ordres pour les raisons dont vous avez bonne cognoissance. Et comme M. de Pommereu m'a escript que les soldats de
Rambures qui estoient à Escorpin et à Annery n'y seroient plus
nécessaires, non plus que ceux qui ont tenu garnison jusques à
icy dans le Champ-de-Bataille qui est une maison appartenante
aud. sieur de Crecquy, j'ay expédié les ordres nécessaires pour
les faire retourner à leur corps qui est en Picardie. Selon les
lumières que M. Pommereu m'a données de tout ce qui se faict
contre Bonnessons et celuy qui est dans la Bastille avec luy,
il y a lieu d'espérer qu'on pourra faire quelque justice esclatante
contre ceulx qui ont trempé dans lesd. assemblées et dans la
conspiration que ces nobles-là avoient faict de troubler l'Estat,
tant en paix qu'en guerre; après quoy il me semble qu'il fauldra
faire publier une nouvelle abolition pour tous ceulx qui y ont
trempé, à l'exception des chefs de parti qu'il fauldra continuer de persécuter en sorte qu'ils ne puissent demeurer dans
le royaulme, et ainsy chacun se tiendra dans son debvoir sans
que le cardinal de Retz puisse rien esmouvoir contre le service,
quelque artifice qu'il puisse prattiquer pour faire redresser
ces cabales que la paix dispersera entièrement.

Voilà, Monsieur, tout ce qui me paroist estre à faire sur les
affaires des nobles, et s'il y a quelque autre chose que je ne

prévois pas, s'il vous plaist de m'en advertir, j'en prendray les ordres du roy, et l'exécuteray promptement.

Vous avez raison d'estimer le duché de Nevers, n'y ayant rien de plus beau dans le royaulme, et il n'y a pas à doubter que S. E. n'en conserve les mesmes sentiments lorsqu'il en aura prins cognoissance (1) . . . .

Demeurant toujours vostre très-humble et très-affectionné serviteur.

(Bibl. nat. ms. fr. 6896, fol. 299. — Le Tellier, papiers d'État, vol. 17.)

XX

LETTRE DE POMMEREU A LE TELLIER.

A Paris, ce 19ᵉ novembre 1659.

Monsieur,

Estant obligé par le respect que je vous doibs, de par le commandement que j'en ai receus de vostre part, de vous mander les moindres choses qui se passent dans l'affaire dont on m'a faict l'honneur de me donner la conduite, je prendrai la liberté de vous dire que présentement le procès de Bonnessons est sur le bureau au grand conseil depuis vendredy dernier, et j'estime que tout sera consommé lundy prochain, si ce n'est que sur la sellette il demande à respondre et forme par ce moyen un incident inévitable. Je n'ay rien obmis pour faire en sorte que l'affaire fust jugée devant la S. Martin ; mais l'instruction criminelle, la longueur de M. de Charpentier, et sur le tout l'affectation du grand conseil à faire veoir dans le public qu'il n'y a eu rien de précipité, m'ont absolument empesché de faire réussir

(1) Le reste de cette lettre ne concerne plus les nobles.

11

mon dessein. A présent le Parlement semble un peu s'eschauffer ;
il y a eu une requeste entre les mains de M. Doujat, dont M. le
premier président a pour la première fois empesché l'effect ;
mais enfin, deux jours après, il a esté forcé de consentir que
l'on ayt mis le soit monstré. Nous verrons la suite. En tout cela
les ordres que vous donnerés seront suyvis ponctuellement par
celuy qui est et sera toute sa vie, avec le dernier respect, Monsieur, vostre très-humble et très-obéissant serviteur.

DE POMEREU.

J'oseray adjouster que Laubarderie a depuis deux jours recognu
qu'il estoit allé en Flandres avec Bonnessons.

M. Colbert m'a fait veoir les ordres que vous luy avés envoyé
pour le rasement des maisons.

(Bibl. nat. ms. fr. 6897, fol. 76. — Le Tellier,
papiers d'État, vol. 18.)

XXI

LETTRE DE POMMEREU A LE TELLIER.

A Paris, ce 25ᵉ novembre 1659.

Monsieur,

On me rendit hyer de vostre part une lettre du 9 de ce mois,
par laquelle vous m'ordonnés de faire desloger les soldats qui
sont dans Escorpin, comme cette terre appartenante à moitié
aux enfants du sieur Daunery et moitié à leur tante, suyvant ce
que le grand conseil en a jugé par la mainlevée des fruits qui
leur en a accordé par son arrest. Je ne manqueray pas d'obéyr
ponctuellement aux ordres que vous me prescrivés, et prendray
la liberté de vous dire que depuis l'arrest du grand conseil
j'avois mandé au lieutenant général d'Évreux de payer cette gar-

nison de l'argent du roy, afin qu'elle ne subsistast plus aux despens de personnes qui n'estoient point coupables. Ce n'est pas que cette tante, dont est question, qui s'appelle Mme d'Hoûiteville, ne soit fort chargée et qu'il n'y ait adjournement personnel contr'elle, et que cette maison d'Escorpin n'ait esté la retraite continuelle d'Annery, ce qui a esté cause que nonobstant la mainlevée des fruits donnée par le grand conseil, on jugea icy qu'il n'estoit pas mal d'y laisser la garnison, et qu'il suffiroit pour la justice de la payer sur le fonds qu'il vous a pleu de mettre entre mes mains. A présent j'en feray sortir les soldats et les envoyeray ou à Annery ou au Champ-de-Bataille, en attendant que l'officier parte pour le razement des maisons, qui ne sera qu'au retour de M. le surintendant, et ainsy jusqu'en ce temps-là, il n'y a pas d'apparence de faire retourner les trente hommes du régiment de Rambures en Picardie. Je prendray occasion de vous dire que Bonnessons sera demain jugé au grand conseil, et qu'il fut hyer ouy sur la sellette où, demandant son renvoy au Parlement, il se deffendit néantmoins de son mieux deux heures et demye durant; le Parlement a esté fort retenu en cette affaire et a ordoné que très-humbles remonstrances seroient faites en temps et lieu sur le fait des commissions extraordinaires, et que registre seroit fait de ce que M. Talon avoit dit en la compagnie de la part de M. le chancelier, qui estoit que c'estoit une affaire née en différents Parlements, une conspiration générale dont les autheurs estoient presenté d'estre punis, et qu'il ne faloit point donner de conclusions sur leur requeste jusqu'à ce que le roy en eust écrit. Je vous supplieray aussy, au retour de Son Éminence, d'avoir la bonté de luy porter tesmoignage de l'application que j'ay eu à m'acquitter des choses qui m'ont esté commandées, et surtout de m'honorer continuellement de la qualité, Monsieur, de vostre très-humble et très-obéissant serviteur.

DE POMEREU.

(Bibl. nat., ms. fr. 6897, fol. 88. — Le Tellier, papiers d'État, vol. 18.)

XXII

LETTRE DE POMMEREU A LE TELLIER.

A Paris, ce 28ᵉ de novembre 1656.

Monsieur,

Suyvant les ordres que vous me faites l'honneur de me donner par votre lettre du 18 de ce mois, je ne manqueray pas de
disposer les choses d'une manière qu'il ne sera rien faict asseurément au grand conseil contre M. le comte de Harcourt. On
faict partir incessamment Cuvillier pour le razement des maisons ;
les lettres de cachet ont esté données au grand conseil pour
travailler au procès de Bonnessons incessamment. J'avois creu
qu'il seroit jugé lundy dernier ; mais l'incident de quelques
requettes de ses parents qui se portoient apelants de toute la
procédure, et les asseurances qu'il respondroit, obligèrent les
juges de l'ouyr une seconde fois sur la sellette, où effectivement
il recognut la juridiction et demanda conseil, ce qui n'a pu luy
estre refusé, et par conséquent l'on s'est remis dans le chemin
ordinaire. Ce n'est pas que la compagnie ne luy ait déjà refusé
nouvelle instruction et confrontation de tesmoins, et plusieurs
autres demandes qu'il a faites ; mais on ne peut éviter une infi-
nité de chicanes d'un homme qui dispute sa vie. Il y a mesme
quelques-uns de ses juges qui paroissent dans ses intérests,
quoyque le grand nombre fasse son debvoir, et si M. Charpentier n'eust pas refusé d'opiner après le premier interrogatoire
sur la sellette, ce procès seroit jugé. M. Colbert et moi n'y avons
rien obmis. Je suis avec le dernier respect, Monsieur, vostre
très-humble et très-obéissant serviteur.

DE POMMEREU.

(Bibl. nat. ms. fr. 6897, fol. 106. — Le Tellier,
papiers d'État, vol. 18.)

XXIII

LETTRE DE SÉGUIER A LE TELLIER.

Monsieur,

Les vostres m'ont esté rendues; la dernière me rellève de la peyne en laquelle j'estois de l'indisposition de Son Éminence que je présume estre passée, puisqu'il est arrivé à Thoulouse. Je crois que l'on prendra bientost la résolution pour le voiage de la cour. Quant à M. le procureur général, son retour à Paris ne peut estre, ainsy que vous prennez la peine de me mander, qu'après que l'affaire des Estatz sera terminée : peut-estre la présence de Son Éminence les disposera à donner contentement au roy.

Le soing que j'ai pris d'advancer le jugement du procès de Bonnessons n'a pas réussy, ainsy que m'avoient faict espérer Messieurs du grand conseil. Ils n'y ont pas travaillé comme ils avoient promis, toutes affaires cessantes, tellement que les parents de l'accusé, qui ont eu trop de temps pour faire leurs sollicitations, n'ont oublié aucun moyen pour faire différer le jugement. Ilz ont faict demander du conseil par l'accusé; l'on luy a donné un advocat, et, contre toutes les formes, ils ont permis à cet advocat de plaider en une audience publique. Il s'est porté appellant, pour le criminel, de toute la procédure faite par les commissaires et les a récuzez en sorte que je voy le jugement de ce procès fort esloigné. Je manderay Messieurs du grand conseil pour leur dire ce que j'estime sur le suject. Il eust esté à désirer que cest affaire fust terminée avant la publication de la paix.

J'ay faict sceller avecq le contract de mariage et les articles secretz. Le courrier part ce matin pour les porter à la frontière; il ne reste plus que la publication avecq les cérémonies que l'on observe en pareilles occasions. Je compte entre les bénédictions

11.

que j'ay receües de la divine bonté de m'avoir conservé la vie
jusques à présent pour voir l'accomplissement de ce grand
ouvrage de la paix; l'on ne sçauroit assés admirer ny estimer
les advantages qu'en reçoit la monarchie. Enfin ce grand personnage, que la fureur et la rage publique voulloit exterminer
de la France comme la cause de sa perte, a esté l'instrument de
sa félicité. Il fault luy souhaiter longues années, affin que, par
sa sage et prudente administration, nous puissions recueillir les
fruicts de ses travaux. C'est le souhait que faict celluy qui est
avecq vérité, et de tout son cœur, Monsieur, vostre bien humble
et tout affectionné serviteur.

SEGUIER.

A Paris, le 8 décembre 1659.

Monsieur Le Tellier.

(Bibl. nat. ms. fr. 6897, fol. 115. — Le Tellier,
papiers d'État, vol. 18.)

XXIV

EXTRAIT DES REGISTRES DU GRAND CONSEIL DU ROI.

Il sera dict que le conseil a déclaré ledict de Jaucourt de
Bonneson attaint et convaincu d'avoir fomenté les soullevemens
et séditions de Sologne, arrivées en l'année 1658 ; assisté aux
assemblées illicites de noblesse faictes auparavant et depuis la
déclaration du roy du mois de septembre audit an ; faict des
unions et assossiations tendantes à émotion, souslevement et
rebellion contre l'authorité du roy, bien et repos de l'Estat ;
signé, avec autres qualifiez commissaires généraux, des procurations portant pouvoir à des députez, particulièrement de
traicter avec les gentilhommes des autres provinces, les en-
gager à leur party ; d'avoir négocié tant en dedans que dehors

le royaume pour y donner entrée aux ennemis de l'Estat. Pour réparation de quoy le conseil, sans avoir esgard à la requeste dudit Jaucourt de Bonneson afin d'estre receü à s'inscrire en faux contre lesdites procurations signées de luy et produites au procès, a condamné et condamne ledit de Bonneson d'avoir la teste tranchée sur un eschaffaux, qui à cette fin sera dresé en la place de la Croix-du-Tiroir de cette ville de Paris. A ordonné et ordonne que ses maisons seront abattües, desmolies et razées; ses bois de haute futaye coupez et abatus à hauteur d'homme ; l'a condamné et condamne en deux mil livres d'amande envers le roy, mil livres envers l'hospital général de cette ditte ville, cinq cens livres en œuvres pyes ainsy que par le conseil sera ordonné, et en pareille somme de cinq cens livres applicable à la discrétion du conseil, le surplus des biens acquis et confisquez au roy ou à quy il appartiendra ; a ordonné et ordonné que le procès sera faict et parfaict à Gabriel de Chartres, sieur de Lezanville, et à Jean Aubert, sieur de Laubarderye, et autres complices des crimes commis depuis et au préjudice de ladite déclaration.

(Copie non signée.)

Au dos : Arrest du grand conseil de condemnation de mort du sieur de Bonneson.

(Bibl. nat. ms. fr. 6897, fol, 123. — Le Tellier, papiers d'État, vol. 18.)

XXV

LETTRE DE POMMEREU A LE TELLIER.

A Paris, ce 10e jour de février 1660.

Monsieur,

Suivant les ordres que j'ay receu par vostre lettre du dernier du mois passé j'ay veu M. le chancelier, lequel, en exécution de

ce que vous luy avés mandé et sur quelques mémoires qu'il a
souhaitté de moi, doibt dès demain faire dresser la déclaration
adressante au grand conseil afin de restablir au plus tost la
seureté de tous les gentilhommes qui sont en fuitte pour les
assemblées passées. Il y a encores quelques garnisons, sçavoir
chés Vievi et dans la maison du feu Bonnessons, et pour les
soldats de Ramburesjet de Picardie qui sont chez Crecqui et
Dannery, nous avions creu il y a longtemps qu'ils seroient à
leur régiment; mais les grandes difficultés qui se sont rencon-
trées à la démolition de Cléry ont faict que ces mesmes soldats
sont encores dans les autres maisons de Normandie, en attendant
que l'on les rase, ainsy que M. Colbert vous en pourra luy-
mesme informer. C'est cependant tousjours de l'argent qu'il en
coutte au Roy, qui est obligé de payer depuis plus de trois mois,
en sorte que depuis que le fonds que vous m'aviés mis entre les
mains a esté consommé, je me suis servi de l'argent que M. le
surintendant et M. Colbert m'ont donné afin de tenir tousjours
toutes les choses en bon ordre. Je prendray occasion du compte
que je vous rends de toutes ces affaires pour vous dire que
depuis que Son Éminence a eu la bonté de me donner l'intendance de Bourbonois et de m'en faire expédier les ordres que
j'ay il y a déjà quelques jours par devers moy, j'ay sceu que
M. de la Barre vous avoit dépesché un courrier qui devoit estre à Aix dès le deuxiesme de ce mois, pour vous prier de retarder mon départ jusqu'à la my-may et à la fin du quartier
d'hyvert. Quoyqu'en cela je ne doibve rien attendre de vostre
protection pour mes services, n'ayant jamais esté assés heureux
ny en poste pour vous en rendre, je crois néantmoins que vous
aurés esté assés généreux pour considérer que ce seroit esluder
fort adroitement l'employ que je doibs aux tesmoignages advan-
tageux que vous avés rendus de ma conduite, si l'on m'empes-
choit quatre ou cinq mois durant de l'exercer, et je pense
mesme que quelques advances que M. de la Barre ait fait par
vos ordres, vous pouvés aizément en ordonner le rembourse-
ment aussy bien par mes mains que par les siennes, et qu'enfin
ce n'est pas la première fois qu'un quartier d'hyvert commancé

par un aura esté achevé par un autre. Comme sans doute la response doibt avoir esté faite il y a déjà du temps aux lettres qu'il vous a escrites sur ce sujet, je crois que c'est assés inutilement que je prends la liberté de vous escrire ce destail, et d'autant plus que j'auray toute ma vie la dernière soumission à ce que vous déciderés pour mes intérests, vous suppliant de rechef, en cela et en toute autre chose, de me continuer l'honneur de vostre protection, estant en tout respect, Monsieur, vostre très-humble et très-obéissant serviteur.

De Pomereu.

Je me prépare à partir sans que les prières de M. de la Barre me retiennent.

(Bibl. nat. ms. fr. 6898, fol. 60. — Le Tellier,
papiers d'État, vol. 19.)

TABLE.

www.ingramcontent.com/pod-product-compliance
Lightning Source LLC
Chambersburg PA
CBHW072059080426
42733CB00010B/2163